纸上欲望

千年大变局下的文人

孙玉祥 著

Zhejiang University Press
浙江大学出版社

自 序

"纸上"都有什么"欲望"？

这话得从两头说起，从作者方面而言，写"纸上"的文章总有他的"欲望"：或为了某种崇高的目的，比如曹丕所谓："盖文章，经国之大业，不朽之盛事。年寿有时而尽，荣乐止乎其身，二者必至之常期，未若文章之无穷。"或为了表达某种卑微的情绪，比如其弟曹植所谓："辞赋小道，固未足以揄扬大义，彰示来世也。昔扬子云先朝执戟之臣耳，犹称壮夫不为也。"无论崇高还是卑微，作者总是希望读者从其文字中读出自己的用意来。

而读者读这些"纸上"的文字，却又总抱着自己的期待视角与目光。当年，钱锺书在拒绝一个英国记者对他的采访要求时，有这样一段名言："如果你吃一个鸡蛋觉得不错就行了，没有必要认识那下蛋的母鸡。"可我读书却爱反其道而行之——从小时候开始，读书，尤其是读到感兴趣的书时，我总爱在欣喜若狂之余，推想书页后作者的一切：他是怎样一个人？为什么这样写？他经历过这样的事么？他有如何的人生经历？他的为文与为人是一致还是背离？钱锺书在他散文集《写在人生边上》的序中有这样一段话："假使人生是一部大书，那么，下面的几篇散文只能算是写在人生边上的。这本书真大！一时不易看完，就是写过的边上也还留下好多空白。"我的读书习惯就是想通过作者的"几篇写在人生边上的散文"来探究作者"留下的好多空白"，甚至他整个人生这部"大书"。这种习性保持到现在，其成果就是集子中这些七长八短的文章。这些文章主角不一，取意各异，表达也自具机杼，但目的都只有一个：那就是透过纸上的文字，来阅读作者这部人生大书——如果不客气点说，就是杜甫所谓"读书破万卷"的"破"字所在。

更值得庆幸的是：从章太炎到余秋雨，这一百多年来处于"千年未遇之大变局"中的各式文人给我们留下了何其丰富的"写在人生边上"的"散文"！通过对这些"散文"的细读，了解他们，读破他们，当是多么有趣与无边的"欲望"？

集子中的这些文章大都是我这十年写的，其中一些分别发表在《闲话》、《悦读》、《同舟共进》以及《羊城晚报》上。在此对这些报刊对我文章的青睐，深表谢意。当然更要感谢浙江大学出版社的谢焕编辑的慧眼和杨利军编辑的用心——没有他们，我这些七七八八的"纸上的欲望"是无法以这么整齐清新的面目跟大家见面的。

2014 年 4 月 12 日　广州

目　录

识鉴

真执

假谲

纠结

后记：为什么是"文人"？

狂

猾

章太炎吃人不嘴软

　　2002 年第 3 期《书屋》上一篇叫《中国近代著名人物败笔拾遗》的文章，在谈到章太炎的"败笔"时，认为是他"攀附权贵"。其主要依据是章太炎晚年居住苏州时，门前冷落车马稀不说，经济上也陷入困顿。恰在此时，他的一个侄子在上海与人发生官司而向他求救。章太炎要学问有五车，要权势却一点也没有，无奈之下，只好写信给上海的黑社会老大杜月笙。这杜月笙见海内外驰名的大学者也向自己输诚，当然喜出望外，赶紧出面，不费吹灰之力就把此事摆平，而后趁热打铁到苏州亲自拜访大名鼎鼎的"章疯子"，还给了他一张银票，解了太炎先生的燃眉之急。章太炎则投桃报李，亲自为杜月笙修家谱——"就这样，一笔肮脏的交易在一位声震寰宇的国学大师与一位地痞流氓之间做成了"。不过，在我看来，这不算什么"败笔"：首先，在当时的中国，法治败坏，作为无权无势的学者，章太炎借助杜月笙的力量以黑吃黑，这没有什么不对。其次，亲自为杜月笙修家谱也不算什么失德之举，哪怕对方是"地痞流氓"——因为章太炎本来就是一位史学家，为历史存真

章太炎

本来就是他的责任和义务。当然，如果他在为对方修家谱时伪造历史，胡乱吹捧，那可以算他的失德，可作者并没有能够指出这一点；而且，以太炎先生的人品论，他也断不至于如此，所以说这是"一笔肮脏的交易"显然言之过重！

在章太炎的生涯中，倒还真发生过吃人不嘴软的情况。

戊戌变法失败后，章太炎虽然没有亲与其事，但是由于曾和梁启超主持过《时务报》编务，又发表过许多反清言论，极有可能受到牵连，于是他携家人南游台湾以避风险。当时台湾因甲午战争中国战败割让日本已数年。台湾"总督府"的民政长官后藤栖霞对章太炎的学问十分景仰，就将他介绍给了当时台湾第一大报《日日新闻社》的社长守屋善兵卫，聘他为该报汉文版主笔。这家报社作为日本"总督府"的机关报，其使命当然是宣传日本政令，推行殖民政治，奴化台湾同胞，瓦解其抗日心理。章太炎作为避难者，可谓端人饭碗寄人篱下，按理说只能顺应对方苟且偷生，可他照样吃人不嘴软地在报上尽吐胸中块垒，不平则鸣，积怨则宣，哪管你日本人的政治目的何在，文化任务何为！而且，他的文字古奥，一派汉学大师风范。日本人见了当然不高兴。于是该报总主笔木下新三郎就来提醒了，他不好一来就指责章太炎文章的内容，便道："章先生，你的文章是写给自己读的，还是写给社会广大读者读的？"章太炎道："当然是写给大家读的。""你的文章写得如此艰深难懂，别人怎么了解？"木下新三郎旁敲侧击道。章太炎一听这话，怫然不乐，马上回敬："世人知不知，解不解，我可不管；我只管吾文之善不善。苟文善，会当有知之者。"这哪有寄人篱下的模样？简直就是主人嘛，气得那主笔直哆嗦："你如此执拗，不讲道理，我们怎么共事？"可章太炎不管这么多，依旧在自己的版面上古趣盎然，对日本治台政策也多有抨击，指责督府官僚作威作福欺压百姓云云。这一来，后藤也坐不住了，他找来守屋善兵卫道："太炎的文章要密切注意，不要文稿一来马上就发排。他的文章波澜壮阔气势万钧，又每每对我们不利，一旦登出，岂非自掘坟墓？我们邀请他来，可是为我们效力的。"守屋回去，自然教训章太炎一顿。可太炎先生何许人也？虽然端了你的碗，可照样不服你的管，还是我行我素，大写自由文章。守屋再次受到总督府责备后，便叫工友去把章太炎叫来。可这一叫又叫出了故事。工友见了章太炎后说："社长叫你去一趟。"太炎听后，冷冷一笑，信笔写了一张字条叫工友带给守屋。守屋一看鼻子都险些气歪，那字条上写的是："你为什么不来？难道不知道'士前为慕势，王前为趋士'的道理？"这下，他去见章太炎了——不过，可不是为了"趋士"，而是大声对他咆哮："你这样傲慢无理，不懂事理，我想你是不想在台湾待下去了，也不想在本社任职了。既然如此，你请自便吧。我们不再留你。"章太炎被逐，当然不高兴，然而也只好悻悻道："看你这嘴脸，还叫什么善兵卫？分明是恶兵卫嘛。要走我自己会走，干吗这样穷凶极恶地下逐客令？"就这么着，他离开了台湾，流亡到了东京。

　　章太炎在台湾时的境遇，显然比他在苏州时的情况要糟得多。彼时，他尚能吃人的不嘴软，同日本人叫板；此时，他又怎会因杜月笙的举手之劳与区区银票而曲学阿世呢？

2002/9/19

章太炎打架

民国初年大名鼎鼎的章太炎，既是学富五车的大学者，又是意志坚强的革命家，还是特立独行的章疯子。关于他率性使气、我行我素的故事，所在多有。这里介绍一个他早年在东吴大学任教时发生的一起打架事件。

据说，在东吴大学任教时，他最爱的活动是在黄昏时分与好友一块儿踏着夕阳的碎金散步闲聊，或到学校旁边的茶楼泡上一杯浓茶，一边品茶，一边讨论学问。这天，他又和自己朋友黄摩西[1]一块儿来到一家叫"半露阁"的茶楼饮茶。当时，那里已有两个看起来文质彬彬的读书人先在座品茶吃瓜子。章、黄二人进来坐在他们身边，见桌上有瓜子，章太炎毫不客气，抓起来就吃得不亦乐乎，一边吃一边还旁若无人地与黄摩西畅谈起来，一点也不理会瓜子的主人。见碰到这样一个不拘小节的主儿，那两人也只好苦笑一下，继续自己的高谈阔论。其中一个说：

---

[1] 黄摩西（1866—1913），江苏常熟人，字慕韩，中国近代文学史上重要的文学家、小说理论家，中国近代百科全书型工具书《普通百科新大辞典》的编纂者。

"我最近看了一篇文章，其中有'使功不如使过'一句，也不知这句话是什么意思？"另一个考虑了一会儿，犹豫道："我也不知道出自何典——是不是西洋典故？"这下，嗑人家瓜子嗑得津津有味的章太炎勃然大怒，瓜子也不嗑了，腾出嘴来就厉声呵斥："亏了你们两个还是读书人，就算《后汉书·独行传》没有读过，也该读过阎若璩的《潜邱劄记》吧？连这些最基本的东西都没入过目，算什么读书人？还出自什么'西洋典故'！居然有脸在这大庭广众中高谈阔论，怎么连藏拙这种道理都不懂？！"这两人见这家伙吃人的不嘴软不说，还这么出口伤人，恼羞成怒，反唇相讥："我们不是读书人，可我们知道读书人的基本礼节——别人的瓜子，我们还不至于抓起来就往自己嘴里扔！简直跟土匪一样。""什么？你敢骂我土匪？！"读了一肚子书，自以为是中国最不折不扣"文人"的章太炎居然被人骂为"土匪"，当然更是生气，于是文人也不做了，一把就揪住对方的衣襟——事到如今，只好以武力决胜负了。四人开始为尊严打成一团，打斗中，章太炎连自己手中那把心爱的纨扇都打断了，也算是全力以赴了。

　　打架固然不对——可为学问打架，却只有章太炎这样的大学问家干得出来。此亦斯人而有斯疾也！

2002/9/10

鲁迅不担虚名

　　《红楼梦》中，那个既美丽又自信的丫鬟晴雯，因为生性耿直，不为王夫人所喜；又因为跟混世魔王贾宝玉关系不错，更被唯恐自己儿子给丫鬟勾引坏了的王夫人骂作"狐狸精"。后来晴雯被赶回了家，在病床上辗转待死。贾宝玉这天放不下这个曾经与自己关系很好的丫鬟，就找到了晴雯家。一番问候后，见晴雯来日无多，就问她还有什么临终遗言。晴雯说道："有什么可说的！不过是挨一刻是一刻，挨一日是一日！我已知横竖不过三五日光景，我就好回去了。只有一件，我死也不甘心：我虽然生得比别人好些，并没有私情勾引你，怎么一口死咬定了我是'狐狸精'！我今日既担了虚名，况且没了远限，不是我说一句后悔的话：早知如此，我当日……"说到这里，气往上咽，便说不出来，两手已经冰凉。

　　我想，任何人，尤其是读书人，读到这么一段，都会怵然而惊，幡然而悟：晴雯的覆辙我可不能重蹈！以后要碰到这类做了君子却被人视为恶人的事可别犯傻，干脆就连那君子都不做了，直截了当做恶人得了

——省得担了这虚名!

鲁迅原来并不吸鸦片,可因为自己不修边幅,头发长而乱,胡子也森然吓人,再加上人又瘦,脸色也不"神采奕奕",走在大街上,便有人叫他"瘾君子",甚至还有"道友"暗中向他推销或者购买鸦片。他便像晴雯担了"狐狸精"的虚名一样,担了"瘾君子"的虚名!鲁迅可不想像晴雯一样临死前才后悔"早知如此,我当日——",于是,在1924年7月间,借到西安讲学之机,他正儿八经地做了一回"瘾君子"——传记作家是这么给我们描绘的:"这时西安鸦片不仅没有禁绝,而且相当流行,有的军官家还备有三四套烟具的。孙伏园托在省署任秘书的同学张辛南设法,自然很快找到。孙伏园觉得烟嘴太大,与纸烟雪茄过分悬殊,吸时极不方便,浅尝一下便放下。鲁迅倒吸得顺利,待静静地吸完,孙伏园问他有何感觉,有没有西方文人用麻醉剂以后那种'烟士披离纯'的产生。他摇摇头,苦笑着说:'只是有些苦味。'"本来,在那个时代,吸鸦片不是件稀罕事——郁达夫就在文章中津津乐道过自己如何到一个妓女家和她大吸鸦片的"风流韵事";可,因为鲁迅不吸,那些人就要把这帽子安在他头上,让他担担这虚名。为了反击,鲁迅当然也就只好如此这般一次了。真的吸了,倒万喙俱息,再没人拿这事做文章——我想,当初晴雯要真的和贾宝玉有什么,倒或许不会给王夫人骂作"狐狸精",没准还真能歪打正着,登堂入室呢。

写到这里,不禁想起网上曾炒得很凶的所谓"鲁迅叫妓"案。因为鲁迅在1932年2月16日的日记中的这么一句话:"复往青莲阁饮茗,邀一妓略来坐,与以一元。"于是,有"反鲁干将"之称的女作家苏雪林女士,率先在1988年11月号《香港月刊》上发表"大陆刮起反鲁风"一文,其中借他人之口(笔)写道:"据最近的太阳报,有李石城所撰《鲁迅召妓引起轰动》一文,言有人在鲁迅日记发现一则小记事'某月某日,召妓发泄',有个读者便惊叫起来,说道:'鲁迅原来是这样下流!看他外表像孔老二，居然也搞起玩妓女的事。'又有一个读者说：'鲁迅不是一个完人，因为他生活作风不正派。'"接着，我们这边也有网民在网上论坛大做文章，说什么1932年，正是中国人民遭受日本侵略，丢掉东三省的苦难岁月，在全国人民都痛不欲生的时候，鲁迅这家伙却居然在什么"青莲阁""邀"妓女来玩弄！真是不特嫖客，而且汉奸云云！其实，我们只要看看这篇日记全文[1]就知道：那天，鲁迅是与全家十人出去饮酒，而后到青莲阁喝茶解醉。喝茶中，叫了一个妓女来坐坐。造谣者也太有想象力了。当然了，有人就说了："夜全寓十人皆至同宝泰饮酒，颇醉"是一事，而"复往青莲阁饮茗，邀一妓略来坐，与以一元"是另一事，所以鲁迅用句号隔开，意指鲁迅完全可能在和家人喝完酒后，自己又一个人跑到青莲阁招妓。这里，我能说的只是，从语法上讲"复往青莲阁饮茗，邀一妓略来坐，与以一元"是一句省略句，它省略的主语只能是前面那句的"全寓十人"——所谓"承前省"是也。再说，鲁迅与家人喝酒既然喝得"颇醉"，家人还有理由放任他一人跑到什么青莲阁去干什么吗？本来，文人叫妓，在那个时代，也是寻常小事，并没见有谁因此对其他人大加挞伐。鲁迅持身甚严，却偏有人揪住他纠缠不休。幸好鲁迅死了，不然，他没准会像当年有人说他是鸦片烟鬼而去吸鸦片一样，真的去叫叫妓呢——叫了，又怎么着？

流言往往能把弱者逼到绝路上去，流言也有可能使人因为不愿担虚名而使流言成真。

2005/8/7

---

　　[1] 日记全文为："十六日 晴。下午同三弟往汉文渊买翻汪本《阮嗣宗集》一部一本，一元六角；《绵州造象记》拓片六种六枚，又往蝉隐庐买《鄱阳王刻石》一枚，《天监井阑题字》一枚，《湘中诗》一枚，共泉二元八角。夜全寓十人皆至同宝泰饮酒，颇醉。复往青莲阁饮茗，邀一妓略来坐，与以一元。"见鲁迅：《鲁迅全集》第15卷，人民文学出版社1985年版，第5页。

黄侃偏要进门

一般人去机关或富豪家里，没办法证明自己的身份而被门卫拦住不许进去时，大都是垂头丧气，怏怏而去，顶多再骂两句门卫狗眼看人低，**但这只是一般人的做法。**如果碰到财大气粗的高人，他才不管你这么多呢，谁要敢拦他的驾，他准跳起八丈高，与你理论，骂你有眼无珠，甚至和你大打出手，最后你还得恭恭敬敬地请他进去。近代著名学者黄侃就是这样的高人。

黄侃在南京中央大学任教时，因为校长是蒋介石，学校一切都一板一眼，极讲规矩——蒋介石本来就是办军校起家的嘛。这其中一条硬性规定就是凡出入该校的师生，都要佩戴校徽，否则不许进出。这当然是为了培养中大师生的自豪感。可黄侃何许人也？"八部之外皆狗屁"的高人，又是来自自由化大本营北大的刺头，根本不把这样的规定放在眼中。门卫也知道他的资格与德行，所以对他不戴校徽进出都睁一只眼闭一只眼。这天，来了一个新门卫，不识货，不知眼前这打扮怪里怪气、看起来土头土脑的老头有啥了不起，见他没戴校徽，就拦住他不许他进去。黄侃开始还客气，心平气和地告诉对方："我是教授黄季刚，来校上课的。"门卫一听，没好气道："你又没戴校徽，我怎么知道你是教授？你说是就是呀？那我还说我是教授呢。"黄侃一听，马上来了气，将手中装有讲义的皮包往对方面前一推道："你有校徽我没有，你又是教授，那好，这课你去上吧。"门卫一听，这老头像有点来头，就松下口气来说："您老没校徽，拿个名片给我看也行。"黄侃这牛人大大咧咧道："要什么名片？我自己就是名片——你把我拿去吧！"大有天下何人不识君的豪气。二人相持不下，最后还是一个路过这里的校领导出面调停，才算了事。要不然，黄侃最后准跟那门卫"打成一片"！

还有一次，黄侃去拜访自己的湖北同乡兼老友、时任国民党高等法院院长的居正。居正是个不喜欢热闹的人，下班后爱躲在自己家中养花观鱼，自得其乐，所以他总是吩咐门房对不速之客一律挡驾，不得放入。黄侃第一次来这里，又是那么一副不修边幅的冬烘先生样儿，门房自然告诉他："院长不在家。"可黄侃却听若未闻地长驱直入。门房急了，一把攥住他衣袖道："你是什么人？没听见？出去！"这下，从来受不得一点委屈的黄侃勃然大怒："你是什么东西？敢叫我出去！"一边骂一边硬往里闯，结果衣袖都被对方扯了个七零八落，两人就在门口动起手来。居正在里面听到外面打得打闹，赶紧跑出来看个究竟，一见是黄侃在那儿与门房"上下其手"，情知不好，赶紧喝道："季刚，不要理他！"又无中生有地训斥门房："我早就关照过你：这位黄先生来的时候，立即放行，不许阻拦！你怎么忘了！""我——"门房张口结舌，可机灵的他很快转过弯来，他马上对余怒犹存的黄侃点头哈腰，"对不起啦，黄先生。我多喝了二两，把这大事儿给忘了。您老别跟我这粗人计较。""走吧，季刚，我这儿刚好也有两瓶茅台，我们也去喝二两——别跟这玩意儿生气了。"一听是这么回事，又听到有好酒喝，本来怒不可遏的酒鬼黄侃怒气全消，赶快进去一醉解千愁。

　　小时候学过一篇叫《列宁与卫兵》的课文，说的是列宁没带证件被卫兵拦在门外，列宁呢，一点也不摆谱，倒批评那个臭骂卫兵要他放自己进去的"小胡子"。两相对比，倒觉颇有意味。

2011/9/8

黄侃、刘文典的牛劲

现在，你要是有机会和知识分子打交道，那你会觉得他们真是客气之至：一见面，你刚报上名字，也不管这名字他见没见过，他准"热气腾腾"地对你讲："久仰久仰！"你呢，也"客气客气"地谦虚，然后就是诸如"佩服佩服"、"有理有理"、"的确的确"之类。嘴上是这么说，心里是不是这样想，那可就不一定了。剧作家沙叶新就曾说过，他最看不起剧坛前辈曹禺老先生的就是，在你面前，他说尽好话，极尽恭维，可一转身，他就会在背后把你骂得一钱不值。那么，文人是不是从来都是这样呢？唯唯，否否！起码在过去，文人不是这样，那时的他们直率得足以叫今天的后辈瞠目结舌。

先看湖北人黄侃。黄侃是国学大师章太炎的大弟子——不仅在国学方面继承了太炎先生衣钵，在脾气上也一脉相承。当年在北大的章门同学作柏梁台体的诗分咏校内的名人，黄侃得到的一句是"八部书外皆狗屁"，意思是：在他心目中，除了他治的八部国学经典外，其他书籍，都是"狗屁"！所谓八部国学经典是指《毛诗》、《左传》、《周礼》、《说文解字》、《广韵》、《史记》、《汉书》和《文选》。这样一个自信的家伙，你又怎能指望他对人客气？据他当年的同事周作人回忆：还在晚清时候，有一次，钱玄同正和黄侃在自己家书房聊天，门房突报安徽人陈独秀来访。因为黄侃与陈独秀不熟，又讨厌这个专与国学为敌的家伙，就躲进了隔壁房间。因为这房间与书房只隔着两扇纸的拉门，所以书房里谈什么都听得清清楚楚。钱、陈二人谈着谈着就谈起清朝汉学的发达，他们列举戴、段、王诸人，多出于安徽、江苏，后来不晓得怎么一转，陈独秀忽而提出湖北，说："清季以来，好像湖北那里没有出过什么大学者。"钱玄同也迎合道："是呀，湖北是没有出过什么大学者。"这下可惹恼了在隔壁旁听的湖北人黄侃，他大声道："湖北固然没有学者，然而这不就是区区；安徽固然多有学者，然而这也未必就是足下。"搞得陈独秀下不了台，钱玄同也扫兴得很。而黄侃却兀自在一旁顾盼自雄！[1] 还有一次，已经是抗战前夕了，黄侃在南京中央大学讲课，引经据典，才思过人，上课时人满为患。校长为款待这位朴学家，特置一小沙发在教授休息室。其他教授多对这老兄的自大与不客气有所耳闻，所以对他那把专用沙发皆视而不见，脚再酸也不去坐。这天，词曲专家吴梅课毕来休息室盥洗小憩，见此沙发空着，就坐下了。黄侃也刚好课毕走进来，见到吴梅坐在自己的"宝座"上，大怒说："你凭什么坐在这里？"吴一愣，旋即回答："我凭词曲坐在这里。"意思是：你老兄可以凭你精通"八部"坐在这里，我为什么不可以凭我精通词曲也坐在这里？黄侃后来说什么我们不得而知，我猜他会这么说："词曲算什么？八部书外皆狗屁！"

无独有偶，另外一位国学大师刘文典也有过类似的故事。抗日战争时期，刘文典所在的清华大学南迁云南并与一同南迁的北大、南开组成

---

[1] 周作人：《周作人自编文集·知堂回想录》，河北教育出版社2002年版，第547页。

黄侃

"西南联合大学"。那时日本人的飞机经常轰炸昆明，于是躲空袭便成了联大师生的必修课。一次空袭警报响后，刘文典急匆匆往防空洞跑，路上碰到也急匆匆跑警报的新文学家沈从文（当时沈也在联大任教）。刘文典一下火了，也不跑了，拉住沈从文厉声以呵："你凭什么跑？我跑，是因为炸死了我，就没有人讲《庄子》了！"他的意思当然是说：我懂庄子，我的学问是真学问，所以要是我死了，《庄子》这门学问可就成《广陵散》，无人能谈（弹）。为了这门学问能传下去，我不能死。至于你沈

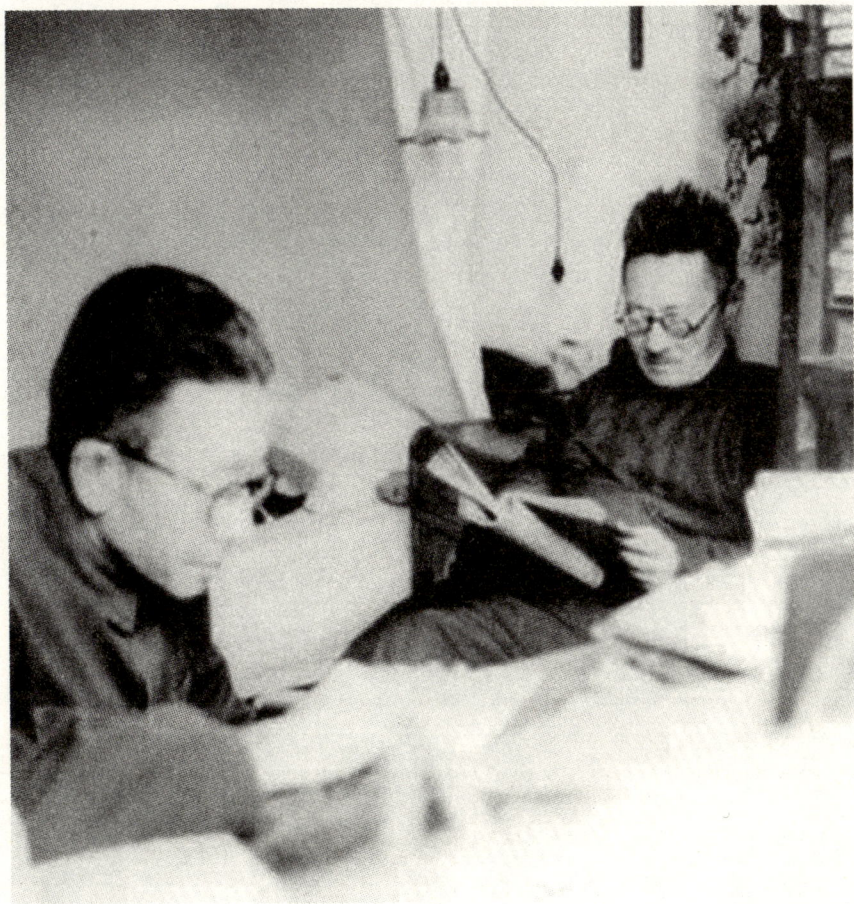

刘文典（右）

从文，你弄的那白话文是个人都会，你死不死没关系。所以，你不能像我一样一听到警报就逃命！我同样不知道沈从文是怎么回答的。不过，要我是沈从文的话，我准回答："我凭白话小说跑！"这刘文典追问沈从文"你凭什么跑"是不是与黄侃责问吴梅"你凭什么坐"如出一辙？

客气似乎是美德，可，当这种"美德"泛滥成灾的时候，我们或许就会觉得直率更有魅力。

2009/7/6

钱锺书·胡耀邦·文怀沙

据元人陈秀明《东坡文谈录》中载:"东坡与王郎书云:少年为学,每一书作数次读。当如入海,百货皆有,人不能兼求之——如欲求古今兴亡治乱,圣贤作用,且只作此意求之,勿生余念。事迹文物之类,又别一次求。他皆放此。若学成,八面受敌,与涉猎者不可同日语。"苏东坡的意思当然是讲"每一书作数次读",每次"且只作此意求之",就是把一部书按内容分成若干项目,一个一个有重点地深入学习、研究,集中精力打"歼灭战",然后在分项研究的基础上进行综合,达到融会贯通,这样就能"八面受敌"皆能应付。"受敌"指经得住考验,抵挡住各种疑难的袭击。这当然很有道理,不过,我想,是不是还有另外一种"八面受敌"的阅读法呢?那就是同时读很多本书,然后用此书的结论去验证彼书的论据,或者相反。这样多种书相互对照印证,倒或许能使我们的阅读产生一种"以镜照镜"的效果呢!《楞严经》和《华严经》都谈到佛教讲经场所常在四面八方安置许多圆镜,"方面相对","使其形影,重重相涉","交光互影,彼此摄入",以说明世间万事万物都是一"理"在镜像中的反映，有如"月映万川"：作为"理"的"月"只有一个，作为事相、映于"万川"的月影却可以无限。宋代《高僧传》记载法藏和尚为了说明同一道理，曾取十面镜子，"八方安排，上下各一，相去一丈余，面面相对，中安一佛像，燃一炬以照之，互影交光，学者因晓刹海涉入无尽之意"。我们如果亦"以镜照镜"式地阅读，也许真能使我们取得"晓刹海涉入无尽之意"的效果呢。

近日读刘崇文发表在《炎黄春秋》2010 年 3 期上的《胡耀邦和我谈下台前后》一文，其中有这样一段：

1988 年耀邦在烟台休养时，写了一首古风，要德平送给文怀沙，请他指正。这首古风是：骚作开新面，久仰先生名。去岁馈珠玉，始悟神交深。君自久巍出，有如久巍云。明知楚水阔，苦寻屈子魂。不谙燕塞险，卓立傲苍冥。闭户惊叶落，心悲秋草零。心悲不是畏天寒，寒极翻作艳阳春。艳阳之下种桃李，桃李芬芳春复春。哲人畅晓沧桑变，一番变化一番新。如今桃李千千万，春蕾一绽更精神。对这首古风，文怀沙有深入的理解和很高的评价。但他觉得还拿不稳，就去请教钱锺书。钱说："既不帮忙，也不帮闲。"耀邦知道后，不仅没有气恼，相反对钱的为人表示欣赏，并说乔木很钦佩钱锺书，认为他学识渊博。

这段文字非常有意思，它首先让我想起一场争论：2009 年 2 月 19 日，《人民日报》记者李辉在《北京晚报》上发表《文怀沙的真实年龄——国学大师的荒诞人生》一文，文章对文怀沙的年龄、阅历和水平进行了质疑，其中尤其提到文怀沙的"国学大师"、"新中国屈原学开创者"、"楚辞泰斗"的身份。文章指出："将文怀沙称为'国学大师''楚辞泰斗'的主要依据，是他在 20 世纪 50 年代初整理出版过《屈原集》以及随后陆续出版的《九歌今释》等。"然而，这本《屈原集》是否就能给他戴上这些"大师"、"开创者"和"泰斗"的高帽则不一定。譬如，与文怀沙同在人民文学出版社共事的舒芜就认为："包括《屈原集》整理者文先生在内的顾、汪、张、文、李、舒、黄几位整理者，都不是作为专家被聘请来，而是作为本社编辑人员被交派下编辑任务。从时间顺序来说，他们每一个都可以说是新中国整理某书的第一人，但这个'第一'完全不包含价值意义，不是开辟者、创始者、奠基者的意思。"他还说："这几本书陆续出版，除四部长篇小说外，其实都只是薄薄一本，注释完全是简单通俗式的，那时讲究普及，谈不上什么学术性。"即便如此，文注《屈原集》问世后，随即受到其他专家的批评，而"文先生一出手就这样砸了锅，随即调离人民文学出版社"。陈四益先生也认为文怀沙在楚辞界根本就没有什么地位，说他没有写过什么学术性、研究性、考据性的东西，他就是把楚辞翻译成现代汉语，但翻译得也不是很好。媒体把文称做什么"楚辞第一人"，其实是当年人民文学出版社分配任务，他分配到了《屈原集》。文没有什么学术著作可以拿出来，他的《四部文明》也不算什么学术著作。文怀沙在 20 世纪 50 年代到 60 年代，对楚辞的翻译和普及有一定的贡献，即使到目前为止，他的翻译也是有自己特点的。但从学术方面讲，他对楚辞的研究属于一般成就，学术界对他的关注也不多，更没有人将他列到大师或者专家的行列。

我们要是读了刘崇文先生这篇文章，对文怀沙在楚辞方面的修养当更了然于心了：居然连一首现代人写的"古风"水准究竟如何都"拿不稳"，要去请教钱锺书先生，有这样的"大师"和"泰斗"么？如果他都要算"大师"和"泰斗"了，那他要去请教的钱锺书该算什么？大师之师？泰斗之斗？这个细节实在比上面诸人对文怀沙的否定都要直接有力得多。

刘崇文的这段文字让我"受敌"的当然不限于此，它让我又想起过去阅读时碰到的一个细节：说的是 1982 年夏天，胡乔木写了两首《有所思》的七律，因为要发表，而他自己对律诗格律典故没把握，就把

钱锺书

诗给了钱锺书，意思是要对方给他把把关，改一改，以免发表了贻笑大方。一般文人要碰到这样的机会不知会有多欣喜若狂——这差不多是在"为帝王师之师"了；又不知会有多小心谨慎了——因为这毕竟是在给"意识形态的总司令"改诗，稍有不慎，那可就"按之可令你入地"啦！可钱先生似乎没那么高兴，也没那么谨慎，送回来的诗歌满纸涂改批注，就好像一个最初学习作文的小学生偏偏碰到一个严师！胡乔木很尴尬，于是找到他们共同的朋友李慎之，一面把这给涂改得一塌糊涂的诗稿给他看，一面尴尬道："我作旧诗总是没有把握，因此要请锺书给我看一看，改一改，不料他给我改了这么多，你看怎么办好？"李慎之一看就知道"这是钱先生书生气发作了"，于是出面替胡乔木圆场"办外交"，结果钱锺书就给了胡乔木这样一封有滋有味的信："我恍然大悟，僭改的好多不合适，现在读您来信，更明白了，我只能充个'文士'，目光限于雕章琢句；您是'志士仁人'而兼思想家。我上次的改动就违反了蒲伯的箴言……"[1]本来，以钱先生的学识智慧，他何尝不知道改诗的原则是"不可不改，也不可过改"的道理，何尝不知道"一字之师"的可贵？可他在给胡乔木改诗时，就偏偏大改特改，改得对方啼笑皆非。对此，谢泳先生有这样的分析："钱锺书这样的读书人，几十年来都在一种压抑的状态下生存，对于官员有一种反弹的心理，所以尽管是朋友，但毕竟不是一般的朋友，既然有这样的机会，在

---

[1]　参见李慎之《胡乔木请钱锺书改诗种种》一文。

不自觉中就'书生气发作了'，看似无意，但却有足够的心理依据。"除了这点以外，我认为还有一点就是钱先生想通过这样"反常"的方式，来推掉替官员做"一字之师"的苦差——这一点，在他信中有足够的体现。换句话说，钱先生是以这样委婉的方式来谢绝对方的"垂青"与"抬举"。

钱锺书这次对文怀沙拿胡耀邦的诗来请教，反应是拒绝，而拒绝的理由是"既不帮忙，也不帮闲"，这既是他的"书生气"的"发作"，更是他对自己"文士"身份的自傲，当然，还有他对文怀沙这种既想"帮忙"又想"帮闲"的特殊文人的调侃。

2012/1/9

两种名士风度

所谓"名士风度"，首先要是名士，读书多名望高，大家望风而拜，平凡如你我，当然谈不上名士；其次，还要有风度，也就是说，不拘小节不修边幅，不把自己看作名士。如果做了名士而时刻摆着名士的谱，衣冠楚楚，言辞铿锵，那也算不上名士风度。不过，细细说来，这名士风度也有两种表现形式——如果我们借用鲁迅的诗来形容的话，那么一种是"俯首甘为孺子牛"，另一种则是"横眉冷对千夫指"。

先看"俯首甘为孺子牛"的名士风度。季羡林先生乃北京大学教授。1930年他考入北京的清华大学西语系，1935年赴德国留学，在哥廷根大学学习梵文、巴利文、吐火罗文等古代语文，1941年获哲学博士学位，1946年回国，历任北京大学教授兼东方语言文学系教授、系主任，北大副校长。从这些资格来看，他是位不折不扣的名士，而且，他也很有风度——老先生一年四季穿一身旧中山装、布鞋，如果在路上走还会提一个圆筒形上端缀两条带的旧书包，怎么看怎么像北大校园里一个看门的老头。他似乎自己也这么认为。于是，便有了这么一个大家耳熟能详的故事：金秋时节，怀着无比自豪与兴奋之情的天之骄子从各地云聚燕园。一位扛着行李的新生，看见一位穿旧式中山装的守门人模样的老头，就请他帮忙看一会儿行李，自己去报到。老头没说什么，答应了，老老实实地在那儿守着。9月的北京天气还很热，旁边有人说："您回去吧，我替他看着。"可老人说："还是我等他吧，换了人他该找不着了。"那位学生回来后，老头什么也没说就走了。三天后的开学典礼上，这位学子吃惊地发现，那天给自己看行李的人，竟然就是北京大学副校长、当时已73岁的季羡林先生。如果没有宠辱不惊、平常淡泊的胸怀，季老先生能做到这一步？所以，我们说他有"俯首甘为孺子牛"的名士风度。

再看看"横眉冷对千夫指"的名士风度。曾昭抡先生，湖南湘乡

季羡林

曾昭抡

人，乃一代名臣曾国藩之后，著名化学家、教育家，中国化学学科的奠基人和领导者之一。1926年在美国麻省理工学院获博士学位，历任中央大学、北京大学、西南联大、武汉大学教授。新中国成立后，曾昭抡曾担任过教育部副部长、高教部副部长等重要职位。这也是一个够斤两的"名士"。更有意思的是，曾老先生也从来不修边幅。据他的学生回忆，从1943年进入西南联大化学系的第一天起，他们所见到的曾先生，蓝布大褂总是破破烂烂，胡子不刮，头发也挺乱，还趿拉着两只布鞋，"脱下来，袜子底永远破个洞"！跟联大那些永远西装笔挺，头发梳得一丝都不乱的教授比，他可谓"名士派头"十足。他在取得学位回国后，任中央大学化学系主任。国民党高干朱家骅出任中央大学校长时，专门召集各系主任开会，以便互相认识，开展工作。作为化学系主任的曾昭抡当然也在受邀之列了。来他倒是来了，可依然是平时那副衣衫褴褛蓬头垢面的模样。朱家骅见了就问他是哪个系的。曾昭抡答是化学系的。朱家骅以为化学系弄了个收发来应付，大为不满，就冲这"收发"挥挥手说："去把你们系主任找来开会。"曾昭抡也不答话，扭头走了。更妙的是，回宿舍后，他卷起铺盖立马离开了中央大学，很快去北大化学系做了系主任。费孝通曾这样评论曾昭抡的种种"怪癖"："在他的心里想不到有边幅可修。他的生活里边有个东西，比其他东西都重要，那就是'匹夫不可夺志'的'志'。知识分子心里总要有个着落，有个寄托。曾昭抡把一生的精力放在化学里边，没有这样的人在那里拼命，一个学科是不可能出来的。现在的学者，当个教授好像很容易，他已经不是为了一个学科在那里拼命了，他并不一定清楚这个学科追求的是什么，不一定会觉得这个学科比自己穿的鞋还重要。"

　　这两种名士风度都让人神往。不过，跟"俯首甘为孺子牛"这种"菩萨低眉"的名士风度比起来，我更欣赏"横眉冷对千夫指"这种"金刚怒目"的名士风度。可惜，这两种名士风度在今天都已告式微，难以寻觅了！

2007/1/14

名人偷跑

　　名人要被权势人物扣押了，不用说，和我们一般人一样也是想偷空跑掉的。不过，我们一般人有机会偷跑时，总是鞋底擦油，溜之大吉，只恨爹娘少给我们生了两条腿，却全然不顾自己跑得是不是从容不迫，是不是有风度，是不是会留下后遗症之类问题；名人可就不一样了，他就是跑，也要跑得有风度有气概有计划，一句话：有"名"堂。

　　当年，章太炎被袁世凯骗到北京，要他做什么东三省筹边使。后来，章太炎逐渐看出了袁世凯做皇帝的野心，决心与这个窃国大盗一刀两断。1914 年 2 月，章太炎在朋友们的劝告下，决定偷偷逃离北京。但是由于袁世凯的爪牙监视极严，结果没能逃走。于是章疯子就发疯了：他手持羽扇，以袁世凯授的大勋章作扇坠，径直到新华门总统府去找袁世凯算账。袁世凯当然不敢见这嬉笑怒骂皆成文章的一代国学大师，就叫手下陆建章接待敷衍他。章太炎又岂是好敷衍的？他发怒痛打了总统府的招待员，还顺手把招待室陈列的器物全都打得稀烂。陆建章见没有办法能对付这个"疯子"，就用欺骗手段把他骗到了龙泉寺幽禁起来，派了四个人日夜监护。天马行空的章疯子当然不甘心就这么被袁世凯玩弄于股掌之中，于是趁一天卫兵交接班，疏于管理之机，偷跑而去。当然，作为名人，他不能跑就跑了，临行前，他还给陆建章（其实就是袁世凯）留了这么一封信：

> 朗斋足下：入都三月，劳君护视。余本光复前驱，中华民国，由我创造，不忍其覆亡，故入都相视耳。迩来观察所及，天下之坏，不可支也。余亦倦于从事，又迫岁寒，闲居读书，宜就温暖，数日内当往青岛，与都人士断绝往来。望传语卫兵，劳苦相谢。

这偷跑赠言很有意思：一则说自己是中华民国元勋，所以不会助纣为虐，想叫自己为袁世凯称帝摇旗呐喊，门儿都没有！其次表示，自己此去，不会跟"袁皇帝"为难——只是去青岛闲居读书，并且远离政治，"与都人士断绝往来"，言下之意当然是你老兄就不要派人来追我了，反正我又不会与你作对了。这当然是假话，可对袁世凯那样的奸雄，你能说真话么？可惜的是，这次偷跑，还没跑出北京，就被陆建章派人追了回来——人家才不相信他老人家从此远离政治的骗人鬼话呢。抓回来后，又把他关到防备更严密的钱粮胡同。直到当年 6 月，他才在朋友的帮助下逃出北京。

无独有偶，另一位国学大师梁启超也在袁世凯称帝时，被"袁皇帝"以"参政"的名义羁绊于北京。梁启超也偷空开跑，跑之前，同样留下辞呈一封——这封辞呈可就写得更加有滋有味了：

> 比觉百脉偾张，头目为眩，外强中干，而方剂屡易。冬行春令，则疹疫将兴。偶缘用药之偏，遂失养生之主。默审阴邪内闭，灾沴环攻，风寒中而自知，长夜忧而不寐。计非澄心收摄，屏绝诸缘，未易复元，恐将束手。查美洲各属，气候温和，宜于营卫，兹拟即日放洋，择地修养。

　　之所以说这封信有滋有味，是因为它表面上句句在说自己离开北京是得了这样那样的病，而实际上，这些病状却是字字击中袁世凯政权的倒行逆施，言在此意在彼，指桑骂槐，简直妙不可言！末了，他也像章太炎一样，表明自己将放洋美洲，让袁不要担心——这同样是在施障眼法：实际上，他是要到云南，和自己的弟子蔡锷一起举行反袁起义。据说，这封信送到袁世凯手中后，他先是大怒——当然大怒了：被别人字字句句骂到痛处，能不怒乎？终乃笑曰："卓如只会耍笔杆耳。"——这可就有点阿 Q 了：因为梁启超已跑远，他无法追也，能不阿 Q 乎？

2005/4/6

当年教授判试卷

做过老师的人都知道，在老师日常诸多繁杂的工作中，判试卷是最叫人头痛的事儿：每次一考试，那多如牛毛的试卷足以叫人头大如斗——这么多错得千奇百怪的试卷，要在规定时间判出，还要给出学生看了不至于拿着试卷来找你评理的分数，委实不是一件容易的事。那么，不判行不行呢？以我多年任教的经验，答案是否定的。首先，学生不答应。人家辛辛苦苦准备了一学期，在考场上费尽心思做出来的卷子你看也不看，这也太拿豆包不当干粮，拿学生不当人子了；其次，学校也不答应——你不判卷子，没有成绩，我们怎么评估你的工作？你还想干不想干？再次，家长也不答应：好嘛，花钱让孩子读书，读了一学期，连个成绩都没有，这钱还不给扔在水里了——扔在水里还有个响呢，扔在学校，就连成绩都没有？所以，现在做老师，你要不给学生判卷的话，出路只有两条：要么你去做校长，要么你收拾行李走人。

过去可不这样。过去的教授牛，这牛之一就是可以不给学生判卷，或者用一种我们现在看来匪夷所思的方式判卷。

一种是不判，硬要他判他就乱判。譬如，章太炎的大弟子，著名学者黄侃，他在中央大学教"文学研究法"课程时，就只管讲课，根本不给学生布置作业。到了期末考试，他是既不肯看学生试卷，又不肯在这试卷上判分——这两者实际上是一回事：不看试卷，又怎么能打分呢？可是，他这种偷奸耍滑的做法在教务处那里行不通——他不判卷子评分数，教务处怎么给学生填成绩册？于是一再催促他阅卷判分。黄侃岂肯轻易就范，把他逼急了，他就给教务处写一张字条，上书"每人八十分"五个大字。他的意思是：学生总想得甲等，给90分，学生不配，自己也不愿意；给70分，又非甲等，学生不愿意，80分正合适。这统统80分，判跟不判有什么区别？教务处当然不满意，可碍于黄侃的名气和脾气，也只好暗自摇头，不了了之。同为章太炎弟子的钱玄同，在北师大教"中国音韵沿革"的课程，他也不爱判卷子，而且执拗得比黄侃还厉害。北师大教务处对他也是无可奈何，只好专门为他老先生刻了一个木戳，上面刻有"及格"二字。每次钱玄同将学生试卷收来原封不动地交到教务处后，那里的人就在这些试卷上统统盖上"及格"的木戳，再登记入册。后来，他到燕京大学兼课，把考试不判卷的作风也带到了燕大。燕大不吃这一套。光溜溜的试卷交上去后，学校退回，他老先生呢，还是不看，又完璧归赵地交上去，如是者三。燕大火了，通知钱玄同：你要是不判试卷的话，我们将扣发你的薪金！钱玄同也火了，回信并附上一沓钞票云："薪金全数奉还，判卷恕不从命！"真是头可断血可流，试卷决不可判！碰上这等忠贞之士，学校也只好捏捏鼻子，由他去。

还有一种判卷法更让人啼笑皆非：他不判试卷，却判脸面。这种判卷法的实施者是大名鼎鼎的林语堂博士。林博士在东吴大学法学院兼职任英文教员时，根本就不给学生考试。他的理由是："我在大学课堂上课，一个班五六十个学生，多半是见面不知名，少半连面都不认得。到期终让我出十几道考题给他们做,从而断定他们及格不及格,这也太马虎了,打死我也不这么做。"那么,期终成绩怎么办呢? 林语堂的做法时"相面打分":到期末评定学生成绩时,他老人家拿着学生花名册端坐讲台,然后依次唱名,叫到的学生一一站起来供他老先生"相面";他呢,则根据学生面相一一判分。据说,学生——尤其是面相"好"的学生对他这种判分法大为赞赏,还说这比阅卷"公道"!

这些出人意料的判卷法在我们今天可以说都销声匿迹了,那,是不是意味着我们今天的教育质量就比那时高呢? 其实,一个心态自由的教授往往能比一个循规蹈矩的教授给我们更多的东西。

2005/11/22

林语堂

那时教授的分量

　　同一个名称或头衔，有的人很在乎，也有的人毫不在乎——这就好像做官，"有人漏夜赶考场，有人弃官不愿做"一样。比如"教授"一名，有人就非常在乎，也有人非常不在乎。抗战期间，由清华大学、北京大学和南开大学组成的西南联大在昆明开学，当时日本飞机经常光顾昆明上空投弹。于是，飞机来时，正在上课的人们起身跑进防空洞躲空袭就成了联大师生的必修课。著名学者陈寅恪因此有"见机而作，入土为安"的对子。据说，有一次，敌机来袭时，陈寅恪正在思接千载，没来得及跑。昆明城里的市民们都乱成一团。这时，只见联大另一个教授刘文典带着几个学生，急匆匆地跑了过来。原来，刘文典一听到空袭警报，就往外跑，跑到中途，忽然想起他"十二万分"佩服的陈寅恪，想起他身体羸弱，且目力在慢慢衰竭，行动不便，于是便带了几个学生折回来。一看，陈寅恪还真在发呆，刘文典马上叫那几个学生搀扶着陈寅恪往城外跑去，自己却强撑着不让学生扶他，还大声叫嚷着："保存国粹要紧！保存国粹要紧！"正当刘文典用尽吃奶的劲跟在后面跑空袭时，碰到也在急匆匆跑空袭的新文学作家、也在联大做教授的沈从文从身边跑过——沈从文比他年轻，手脚也自然麻利许多。这下，刘文典不干了，他不顾自己气喘如牛，一把抓住对方就骂道："我跑是为了保存国粹，学生跑是为了保留下一代的希望，可是该死的，你跑什么啊！你凭什么跑啊！"沈从文乍闻此声，不由又惊讶又气愤，抬头一看，见是刘文典，他也就懒得反驳了。原来刘文典一门心思扑在国学上，加上他乃狷介之人，因此很瞧不起搞新文学创作的人。当沈从文被联大提升为教授时，刘文典曾勃然大怒，放出这样的狠话："陈寅恪才是真正的教授，他该拿四百块钱，我该拿四十块钱，朱自清该拿四块钱。可我不会给沈从文四毛钱！他要是教授，那我是什么？"可见"教授"这头衔在刘文典心目中分量还是挺重的——重到就连沈从文这样的新文学大家在他心目中都不配这两字儿，真正配这俩字的，只有陈寅恪这样的"国粹"！

　　而在有些人心目中，"教授"二字却不足为重。学者李零在介绍自己履历时，有这样一段话："我的新书《花间一壶酒》前面有个简历，基本上也就是那些了。但我得声明，我不喜欢出版社加在它前面的三句话。第一，我没有多大名气，有也不够大，绝不属于'享誉海内外的著名学者'，这么讲，人家真正有名的人不答应（这让人想起刘文典所谓'他要是教授，那我算什么'的名言）。第二，'北大教授'是我谋生混饭的职业，在这里出现是蛇足。第三，我印名片，从来不印'博导'……我喜欢的头衔是'读书人'，更准确地说，是喜欢读野书的人。很多学者都认为，读野书不属于学术。既然如此，我也不想戴'学者'的帽子。"看，在李先生眼中，教授不过是"谋生混饭"不值一提的"蛇足"。

　　其实，这种在乎与不在乎，关键在于这种名称或头衔"值不值钱"：刘文典时代，教授地位甚高，可谓"一言而为天下法，匹夫而为百代师"——区区刘文典，也敢跟蒋介石叫板，甚至骂他军阀。如此，教授能不是个让人肃然起敬十分在乎的名称头衔？

2005/9/6

民国那些教育家们

做个教育家不容易，因为除了要学识渊博问一知三外，还要以身作则为人师表，不仅要教学生求知，还得教学生做人。蔡元培、李叔同、蒋百里都是这方面的楷模。

先说说蔡元培的故事。

一天，在北大图书馆里，一个湖北籍的学生与一个湖南籍的学生发生了冲突。起因是湖北学生伏案看书正看得起劲时，来了一个湖南学生。他瞟了一眼湖北人看的书，不禁大来兴致，也凑过去看个不亦乐乎。偏偏湖北学生不是一个喜欢与别人共享好书的怪人，所以他就故意挤对湖南学生：湖南学生往左边看，他就把身子扭向左边；湖南学生往右边看，他又把书移往左边，总之就是不给对方"管中窥豹"的机会。我们都知道湖南人是吃辣椒的，火气十足。这个湖南学生当然也不是省油的灯，他见对方这么挤对自己，马上来了气，扬手就给了对方一个耳光。这下湖北学生不干了，他大声叫道："大学生呀！大学生还打人？！"湖南学生理直气壮地回骂，说湖北人是"小气的九头鸟"。湖北学生当然怒不可遏，可一看对方那虎背熊腰、凶神恶煞的样子，又只好说："走，见老师去——还没王法了！"湖南人也不怕，就跟他一块儿去见老师。结果老师没见着，倒见到了老校长蔡元培。

于是湖北学生字字血声声泪地控诉了湖南人的刁蛮与凶狠，湖南人也揭发了湖北学生的小气与可恨……看热闹的学生也围成了一圈——大家都想看看这革命党出身的老校长怎么处理这说大不大、说小不小的事。蔡

蔡元培

元培听完双方陈述，既不打官腔也不和稀泥，更不乡愿，他只很诚恳地对湖北学生说："如果你不该打，他打你，他是妄人——你不必和个妄人计较；如果你该打，他打你——你自己评判吧。"

两人都没说话，鞠躬退出；看热闹的也都没说话，鞠躬退出——他们领教了什么是教育家。

夏丏尊先生在谈到浙江一师的同事李叔同先生时，曾有这么一段记述："只要提起他的名字，全校师生以及工役没有人不起敬的，他的力量，全由诚敬中发出，我只好佩服他而不能学他。举一个实例来说，有一次宿舍里学生失了财物，大家猜测是某一个学生偷的，坚持起来却没有证据，我身为舍监，深觉惭愧苦闷，向他求教。他所指示我的方法，说也怕人：教我自杀！他说：'你肯自杀吗？你若出一张布告，说作贼者速

来自首，如三日内无自首者，足见舍监狱信未孚，誓一死以殉教育。如果这样，它可以感动人，一定有人来自首——这话须说得诚实，三日后如没有人来自首，真正非自杀不可，否则便无效力。'这话在一般人看来是过分之辞，他说来的时候却是真心的流露，并无虚伪之意。我自惭不能照行，向他笑谢，他当然也不责备我。"一般人见了，大概也会觉得李叔同这认真迂腐可真太过分了，可这里面透露出的彻底的人格道德力量不也同样震撼么？李叔同以一富家弟子成为艺术大师，最后又成为一代高僧，正是这种认真劲儿的必然结果。

无独有偶，民国初年，还真有过这么说到做到的认真人，他就是中国著名的军事家蒋百里。蒋百里出任保定军官学校之初就对学生发誓："如果不称职，当自杀以明责任。"大家也都以为他这不过"逢人减岁，遇货加钱"——说说而已。后来学校发生经费短缺问题，蒋百里赴京请款，结果北洋政府置之不理。回校之后，他召集全校学生训话："我初到本校时，曾经教导你们，我要你们做的事，你们必须办到；你们希望我做的事，我也必须办到。你们办不到，我要责罚你们；我办不到，我也要责罚自己……不能尽责就得辞职，但中国的事情到处都一样，这儿办不通，那儿也未必办得通。你们不要动，要鼓起勇气来担当中国未来的大任！"说完，就掏枪自戕。后虽因救助及时而未死，却从此离开了军校。

看了这样一些故事，我们也许对孟子所谓"人之患在好为人师"这句话会有新的理解吧。真的，要做一名合格的人师，自己的道德品质与人格魅力都得有拿得出手的地方——对一般人而言，这的确是很难做到的"患"！

2001/12/8

李敖说的和做的两场"黑吃黑"

李敖在他的文章中曾讲了一个黑吃黑的故事——这个故事应该来自于胡适。

故事是这样的：民国初年，安福国会选举时，某安福系政客曾去贿赂大名流辜鸿铭，之所以要贿赂他是因为按当时的《议员选举法》规定，选举人得有学位文凭。辜鸿铭有外国学位，又是大名流，他要是给自己投票，那分量自然非同小可。见面后，他给了辜鸿铭 200 元——这是当时的行价。辜鸿铭呢，摆架子道："人家 200 块钱一票，我老辜至少要卖 500 块。"那人说："别人 200，你老人家就 300 吧？"辜鸿铭大怒道："400 块一文不能少，且要现数，还价请滚出去！"那人为了拉票，无奈只好送来现钱和入场证，临走前怕辜鸿铭戏耍自己，还特地吩咐他老先生第二天务必到场投票。结果辜鸿铭钱一到手，立马乘快车赶去天津，吃喝玩乐一通，两天后才回到北京。那位政客听说他回来了，气势汹汹地骂上门来，说他不讲信义。辜鸿铭听后，哈哈大笑，然后脸一板，拿起手杖道："你这样的东西也配讲信义？真是瞎了眼了，敢来收买我辜鸿铭。再不滚先吃我老辜一杖！"吓得那家伙抱头鼠窜。李敖讲这个故事的用意，当然是告诉大家，对朝三暮四的政客，我们大可不必讲什么信义，黑吃黑可矣！

本来这已是夫子自道，可台湾那些"政客"不读书——起码不读李敖的书，因而在这方面又重蹈覆辙，给李大师玩了个七晕八倒。

2005 年 5 月中旬，台湾的李杰怕李敖在自己提出的对美"特别军购预算案"接受质询时捣蛋搅局，就决定像李敖讲的那个故事中的安福系政客一样，先给李敖送点东西堵嘴。于是，他利用借李敖一本书要还的机会，在那装书的牛皮纸袋里装了一支价值上万元新台币的德国名笔。李敖呢，也像辜鸿铭一样，毫不客气地收下了这支笔。听说李敖收下了礼物，李杰暗自高兴，心想吃人的嘴软拿人的手短，李敖收了这笔，到时质询时，想必不会对这军购案穷追猛打。于是，在 5 月 23 日，李杰就当局"特别军购案"接受质询时，显得胸有成竹。可是，当他的目光投注到李敖那儿时，脸色大变：这厮手里正拿着那支他送的名笔！果然，质询一开始，李敖就毫不客气地先将这支笔的来历讲了个一清二楚。这下，李杰可真如当众被剥光了一般狼狈不堪，只得结结巴巴道："对这起特别军购，美国方面已白纸黑字地通过正式渠道通知我们，如果我们在 5 月底前不能明确是否购买已公布的武器，美方就要撕毁合同，将卖给我们的武器转卖到其他地方。我是急迫了，才想了这个办法，没想到李先生这么不给面子，不买我的账。"末了，李敖还这么戏弄李杰："我不可能收这支笔，你是否同意我将此笔拿去义卖？"气得都几乎不知东西南北的李杰自然不会同意——要这样，自己这脸不丢到拍卖场去了么？他只好哀求李敖不要再谈此事。李敖道："如果你不同意卖，那你就拿回去吧。"李杰只好在众目睽睽下伸手把这想去钓别人却被别人钓的名笔又拿了回来。

李杰身为军人，却不知道兵圣孙武"知彼知己"之说——居然连李敖的书也不读就去贿赂他，给玩个七颠八倒，也算自食其果。这里倒真用得上当年王安石骂那些变法反对派的名言："汝等之谬，皆因不读书故也！"

2005/12/14

识

鉴

章太炎与谶言

　　国学大师章太炎对中国传统文化，那不用说是烂熟于心，操练于手，想怎么来就怎么来的。因此，他也与传统文化中能预言未来种种文字的所谓"谶言"有了密不可分的缘分。譬如，光绪二十九年（1903），发表在《苏报》上的所谓《驳康有为论革命书》中，他为了批驳康有为鼓吹光绪皇帝享有"天命"，因此大家要全力拥戴光绪帝，不可轻言革命的言论时，就以子之矛攻子之盾地也来了这么一条有关清王朝"天命"的谶言：他说在《中庸》一书的开头有这么一句"天命之谓性"，而此书的结尾一句是"上天之载，无声无臭"，全书以"天命"始，以带有"载"字的一句终。恰巧，清王朝努尔哈赤建国之初的年号就是"天命"，而现任皇帝光绪又名"载湉"，刚好有一"载"字，如果有所谓"天命"的话，那岂不说明由"天命（国号）"始的清王朝到了"载湉（光绪）"这里，就该寿终正寝了么？——以彼之道，还施彼身，你不能不说他攻击得头头是道。当然，也只有像章太炎这样国学修养精深又才思敏捷的大师才能这样信手拈来，游刃有余。

　　如果说，上面这个例子是章太炎有意利用谶言来增强自己文章的攻击力的话，那下面的例子就是他在无心中制造了一个让他追悔莫及的谶言。章太炎的大弟子叫黄侃，此人在国学造诣上深得章太炎真谛，太炎先生对他也十分赏识。可这黄侃有一特点，那就是眼界甚高，从不轻易著述。他曾讲自己50岁后当著述，于是他过50岁生日那天，贺者云集，正高兴处，突传太炎先生也送来贺联。黄侃大喜，忙叫拿来打开。这副对联写的是："韦编三绝今知命，黄绢初裁好著书。""韦编三绝"是指孔子治《易》，因其投入，翻看再三，所以连那绑竹简的牛皮条（"韦编"）都断（"绝"）了三次，以此来形容对《周易》也有精湛研究的黄侃，当然是十分贴切的；而且，据古书讲，孔子曾说过"五十而治《易》可以无大过"的话，所以用这话来贺五十大寿的黄侃，也可谓天衣无缝；同时，"今知命"亦隐含"五十"之意，典出《论语》"三十而立，四十而不惑，五十而知天命"。至于下联，主要意思是因为黄侃对学问要求太高，所以著述甚少，老师希望他实现自己50岁后著书的诺言，多写文章以流惠天下。大家看了之后，纷纷称颂太炎先生这副对联做得好，典雅工切，妙手天成！可黄侃看了却一脸凄然，问他，则道："太炎先生预言我今年将死！"此语一出，众皆失色，大家又都困惑不解，纷纷问为什么。黄侃解释道："上联'韦编三绝今知命'中内蕴'今绝命'三字！"大家听了都不相信。然而，就在这一年，黄侃因病去世。章太炎知道后，捶胸顿足追悔莫及——虽然他是无意的，但毕竟真的一语成谶，奈何？！

　　古语云"若夫非常之人，必有非常之事"，从章太炎与谶言的关系来看，的确如此。

2005/8/20

梁启超薪尽火传

　　梁启超虽然在学问上十分自信——甚至不乏自大，可对有真才实学的晚辈后生却也能倾心拜服、尽力提拔。当时不足 30 岁，尚处于"藏锋不露"阶段的陈寅恪从欧洲游学归来，梁启超与之一谈，马上对其学问佩服得五体投地，于是向清华校长竭力推荐陈出任国学院导师。鉴于国学院在中国学术界的地位以及梁在国学院导师的身份（当时国学院其他两位导师是王国维、赵元任），校长问梁启超："此人有无博士文凭？"梁启超据实回答："没有。""有无专著发表？"校长又问。"亦无专著发表。""那我就不好办了。"校长表示为难。梁启超大怒："某亦无博士文凭，而著作等身。但我这等身著作就赶不上陈先生三言两语！我能做国学院导师，为什么陈先生就不能做？"见一向自信的"任公"如此推崇陈寅恪，校长不敢再"等因奉此"，马上聘任陈先生为国学院导师，从此中国学术界出现了一位被誉为"人中龙"的史学大师。一生著述，晚年视学术为生命的梁启超为提携后进，能说出"我等身著作赶不上陈先生三言两语"这样的话（须知当时陈寅恪还只是一名未露头角的寻常书生），

梁启超

这种眼光与胸襟实在不能不叫人心驰神往，感慨再三！

陈寅恪也并没有辜负梁启超的这眼光——这不仅因为陈寅恪后来在学术上成就卓著、中外驰名，更因为陈先生也秉承了梁启超先生选拔人才提掖后进的好作风，成了更年轻一代学人的知音伯乐。

1933年11月，年仅28岁的青年学子张荫麟刚从美国斯坦福大学获得哲学博士学位回国。既然是哲学博士，学校当然聘他为哲学系教师。可这张荫麟非寻常之辈。早在1923年18岁，他还在清华念书时，就在大名鼎鼎的老派杂志《学衡》第21期上发表了《老子生后孔子百余年之说质疑》一文，对当时的学界泰斗梁启超考证《老子》一书认定其在孟子之后的六条证据一一进行了批驳。他学的虽然是哲学，可对历史的兴趣却远远大于哲学，于是要求任历史系教师。俎人不去治俎，却来代庖？大家对这青年人的不务正业纷纷摇头。就在这时，已大名鼎鼎的陈寅恪先生站出来为他说话了。陈寅恪在给时任中央研究院历史语言研究所所长傅斯年的信中这么写道：

孟真兄：

昨阅张君荫麟函，言归国后不欲教哲学，而欲研究史学，弟以为如此则北大史学系能聘之最佳。张君为清华近年学生品学俱佳者中第一人，弟尝谓庚子赔款之成绩，或即在此人之身也。张君年颇少，所著述之学术论文多为考据中国史性质，大抵散见于燕京学报等。四年前赴美学哲学，在斯丹福大学得博士学位。其人记诵博洽而思想有条理，若以之担任中国通史课，恐现今无更较渠适宜之人。若史语所能罗致之，则必为将来最有希望之人材，弟敢书具保证者，盖不寻常介绍友人之类也。北大史学系事，请兄转达鄙意于胡、陈二先生，或即以此函转呈，亦无不可也。专此，敬颂

著祺

弟寅恪（一九三三年）十一月二日

信中全力提拔后辈的殷殷之情，灼然可见，可谓将梁启超先生当年提拔推荐自己的良情美意又用在了更为年轻的一代学人身上——薪尽火传，此之谓也。

需要说明的是，张荫麟虽然于1942年10月早逝于遵义浙江大学任上（时年37岁），但他在学术上已取得重大成就：除史学外，在哲学、伦理学、社会学、政治学、翻译等方面都有广泛涉猎。其学涵盖面广，概括性强，见解高明，富于现代批判意识，规模宏大，约博双精。著名学者谢幼伟曾评价张荫麟道：他的专门学科至少有四门——史学、国学、哲学、社会学。他的优势就在这诸多方面的综合上，融合相济。古人才、学、识、德熔于一炉的理想与近代人文方法，批判分析能力的结合，在他身上得到了具体体现。也就是因为这个缘故，年轻时谁也看不上眼的钱锺书才为这位青年才俊写下了这样的诗句："同门堂陛让先登，北秀南能忝并称；十驾难追惭驽马，千秋共励望良朋。"张荫麟取得的成就固然与他自己的努力分不开，可陈寅恪的赏识与提掖也是原因之一。

2002/9/2

轿夫该哭还是笑?

去过风景名山的人都知道,轿夫是种艰难的职业,扛着上百斤在即使空手都举步维艰的山路上攀爬,可说是担着如牛负重和如马致远的双重辛劳,就此而言,轿夫们对自己的苦难似乎该哭而不是笑。

英国大哲学家罗素在其《中国人的性格》一文中讲了这么一个故事,说是 20 世纪 20 年代,他到中国四川旅游。在去爬峨眉山时,碰到轿夫。时逢盛夏,天气酷热,加上山路崎岖,那些个抬他们上山的轿夫是累得个吴牛喘月般大汗淋漓。罗素不愧是有人文情怀的哲学家,不禁悬想起这些轿夫此时的心态来:自己这么累,而自己抬的人却在自己头上那么惬意……他们一定恨死了这些坐轿的人!你们也有腿,为什么不自己走路要老子抬?罗素还猜,他们也许在想为什么自己是抬轿的人而不是坐轿的人。要真像罗素想的这样,那这些轿夫就该哭了——起码,哭丧着脸。可很快,罗素发现不是这样:到了山顶,他们停了十分钟,让轿夫们歇上一歇,轿夫们立刻并排坐下来,拿出他们的烟袋,说说笑笑,讲着开心的事情,丝毫没有怪怨天气和坐轿人的意思,也丝毫没有对自己的命运感到悲苦的意思。他们还饶有趣味地给罗素讲自己家乡的笑话，很好奇地问罗素一些外国的事情。他们在交谈中不时发出高兴的笑声，好像一点忧虑都没有。罗素于是感慨：中国的老百姓是那样的宁静与平和，寡欲与不争！他感到一种喜出望外的发现，并认为中国的伦理学和政治哲学宣扬的正是这类理想生活。

可是，中国的文豪鲁迅却不这么看，他在《灯下漫笔》中说："至于罗素在西湖见轿夫含笑，便赞美中国人，则也许别有意思罢。但是，轿夫如果能对坐轿的人不含笑，中国也早不是现在似的中国了。"也就是说，在鲁迅看来，轿夫对这种社会的不公地位的悬殊不应该笑，应该哭，应该愤怒，只有这样，中国才有可能发生真正的变革，而不会一直是"现在似的中国"。

就现实层面而言，轿夫们的笑的确也有其理由——因为今天有生意，他们一天的温饱问题有了保障，所以他们会那么开心地"说说笑笑，讲着开心的事情，丝毫没有怪怨天气和坐轿人的意思，也丝毫没有对自己的命运感到悲苦的意思"。是呵，为什么不满呢？没有活干，没有生意才该不满呀。胡适发表于1918年1月15日出版的《新青年》第4卷第1号上的《人力车夫》一诗，讲述了车夫（实际上也是轿夫）为什么会笑的缘故。在这首诗前面有这样一个题记："警察法令，十八岁以下，五十岁以上，皆不得为人力车夫。"诗的正文这么写道："车子！车子！"车来如飞／客看车夫，忽然心中酸悲／客问车夫："今年几岁？拉车拉了多少时？"／车夫答客："今年十六，拉过三年车了，你老别多疑。"／客告车夫："你年纪太小，我不能坐你车，我坐你车，我心中惨凄。"／车夫告客："我半日没有生意，又寒又饥／你老的好心肠，饱不了我的饿肚皮。／我年纪小拉车，警察还不管，你老又是谁？"／客人点头上车，说："拉到内务部西。"的确，跟饿肚子相比，拉车的辛苦很自然地就转成了幸运，干吗不笑呢？

　　但是，我们也不能说鲁迅的"不含笑"就没有一点道理。如果轿夫们真的满足于有人给他们抬就高高兴兴再无一点不平和，也无希望变革的心思的话，那可以断定的是，他们的命运永远无从改变，也因此中国只能是"现在似的中国"！跟罗素因为厌倦西方世界的争斗而对中国轿夫乐天安命的淡定的赞颂相比，我们只能说，鲁迅对轿夫们对自己境遇不该笑而该哭，并为改变自己这种命运而斗争的看法更准确和有意义——因为鲁迅知道：轿夫们这种笑，不是商业性服务的微笑，也不是对劳动创造的自赏，而是对压迫的麻木，对人格卑贱的安分，是一种活一天算一天的苟且偷生的笑。

　　鲁迅当年在评论赛珍珠的《大地》时有云："中国的事情，总是中国人来做，才可以见真相，即如布克夫人（即赛珍珠）上海曾大受欢迎，她亦自谓视中国为祖国，然而看她的作品，毕竟是一位生长于中国的美国女教士的立场而已，所以她之称许《寄庐》，也无足怪，因为她所觉得的，还不过一点浮面的情形。"这个评价对赛珍珠或许不够公正，但以之来评论罗素对中国轿夫的"笑"的解读，则大体合适。

2013/3/20

文化太极——略说鲁迅与钱锺书

点检中国 20 世纪的文化遗产，我们不得不将目光投注到两位大师身上——他们就是鲁迅与钱锺书。如果说鲁迅 1918 年发表的《狂人日记》标志着 20 世纪新文化运动的开始的话，那么，1998 年钱锺书的逝世——用海外学人余英时在《我所认识的钱锺书先生》一文中的话来说就是："他的逝世象征了中国古典文化和 20 世纪的同时终结。"

鲁迅生于 1881 年。那是一个万方多难的岁月，中华民族在千年未遇之奇变中已到了危亡的阶段：外有强敌虎视鹰瞵，内有国贼倒行逆施——所谓"风雨如晦暗故园"。加上家庭的变故，人情的冷暖，使得鲁迅在深味自己命运多艰的同时感受到国家民族的不幸，又在分析社会的同时注入了自己独特的感受与体验——用美学家的话来说，就是"本质对象化了，自然人化了"。既然"灵台无计逃神矢"，那么就"我以我血荐轩辕"，于是鲁迅在一个崇尚中庸的国度傲然独立睥睨万物，以空前的勇气和洞察力将千百年来神圣得不容置疑的传统文化摧而毁之。在一个文明已经停滞解体，国运又复仓皇凄凉的末世，鲁迅的出现可谓适逢

鲁迅

　　其会：这样一个众芳芜秽万马齐喑的时代太需要他这样的呐喊者与清洁夫了——唯猛击适足救溺，不推陈何以出新？也正因为如此，鲁迅死后，一张写有"民族魂"的巨旗才名正言顺地加盖到了他的身上。在一个民族需要反躬自省重塑国魂的关头，是他最先喊出"礼教吃人"、"救救孩子"的时代最强音，也是他最早为我们塑造出"阿Q"、"孔乙己"、"祥林嫂"、"润土"等需要唤醒拯救的人物，我们因此而洞悉了自身的苦难，密不透风的封建"铁屋子"也因此而出现裂纹，中国人民开始在鲁迅那世罕其匹的卓越见解、力扫千军的狂放笔锋以及"纠缠如毒蛇，执着如怨鬼"的坚强意志中认识了自己，看出了希望并愿意为这希望浴血奋战九死未悔。"血沃中原肥劲草，寒凝大地发春华"，终于，中国人民在血与火的拼杀中得以自救——谥先生以"民族魂"之号，良有以也！

　　然而鲁迅得在于是，失亦在于是。由于时代的迫切要求，鲁迅过早地放弃了由他一手创立并由他一手成熟的中国现代小说创作转而进行

"匕首与投枪"的杂文写作，从而未能给中国文坛留下一部经典性的长篇小说——而照鲁迅的说法，长篇小说乃文学中的"伽蓝"；也因为同样的原因，我们不能看到一部由鲁迅撰写的《中国文学史》，而只能从《中国小说史略》《汉文学史纲》《魏晋风度与文章及酒和药的关系》等文中领略他那宏观而不乏细腻、理性而颇具生趣的文学史观与文学史笔——是的，在鲁迅笔下最有理由诞生一部有关中国文学的"史家之绝唱，无韵之离骚"！可惜将军一去，大树飘零；先生一逝，文坛芜秽。幼稚的中国文坛由于先生的早逝更显得步履艰难成熟难期。朱学勤对此有这样一段话："如果有所谓中国文化长河，那么，先生也只是一个异数，突兀在那些语言泡沫之上，面目瘦削，独自漂浮。"我想，这应该是每一个认真阅读过鲁迅的人的共同心声。

好在天未丧斯文，晚出生鲁迅近 30 年的钱锺书在鲁迅晚年走上文坛，又在鲁迅逝世后迅速成长，成为文学界与学术界万众瞩目的"人中龙"！

钱锺书挟江南秀气、浸家传书香，更兼天生丽质以及一般中国人难以期盼的个人成长条件：小学、中学、大学、留学一气呵成。对钱锺书的天才，我们固然顶礼膜拜，但对他那可遇而不可求的家学渊源、个人境遇、社会背景乃至婚姻家庭，我们更当长叹与庆幸："造化钟神秀！"是的，在这诸多主、客观条件中缺了哪怕只是一项，钱锺书都将不能成为钱锺书，而由他一手洗出的那段亮丽的中华文化史也不知还将黯淡多久！读钱先生的作品，再联系钱先生的生平，我们不能不感叹，也许真是上帝他老人家可怜中国现当代文学文化的沉寂灰暗，才在神州大地上投下钱锺书这样的文化天才，并全面提供给他天才成长所必需的土壤气候条件。

更值得庆幸的也许还是，钱先生深谙自己的文化使命，所以他没有鲁迅的激越狂放，孜孜不倦地进行着中华文化新的阐释、新的建设。为此，钱锺书忍受并巧妙地应付了一切苦难。于是，我们看到在血雨腥风的八年抗战时，无论是在偏远的"三闾大学"，还是在沦陷的"上海孤岛"，钱锺书都默默耕耘苦苦著述。抗战一结束，他就为被战乱糟践得一塌糊涂的中国文坛捧出独步古今的《谈艺录》、誉满中外的《围城》——这两部书可以说是钱先生为苦难祖国掬出的一瓣心香。是的，这两部书"时代色彩不浓"，可，钱锺书本意就不在为某一时代"传移摹写"，而在为整个文明史"传神写照"呵。超越时间，超越空间，"东海西海，心理攸同；南学北学，道术未裂"本来就是钱锺书为自己、也是为学术制定的最高标准。在新中国成立及随之而来的对知识分子的一系列"洗澡"，尤其是在所有知识分子都陷于灭顶之灾的"文化大革命"中，一般知识分子都因自顾不暇而彻底放弃了自己的求知天职，钱锺书却仍以空前的自信、罕见的勇气和非凡的历史洞察沉浸在自己前无古人后启来者的激扬文字之中。"文革"结束后，钱锺书又为千疮百孔的中国文坛、万马齐喑的中国学术界捧出了沉甸甸的《管锥编》。这不仅是钱锺书为中华文化贡献的美玉精璧，更是他向世人展示的一份知识分子自信：无论时代风云怎样变化，也不管政治势力如何暴虐，真正的知识分子永远能站稳脚跟，坚守本职，为往圣继绝学，为天下求真知。这种特立独行的求知精神在被毛泽东形容为"墙上芦苇，头重脚轻根底浅；山间竹笋，嘴尖皮厚腹中空"的中国当代知识分子群体形象中尤具意义：沧海横流，方显英雄本色；国事蜩螗，正衬书生意气。

谁说中国没有真的知识分子？有人曾指责钱锺书在那样一个时代保持沉默太聪明、太世故、太明哲保身，他应该像鲁迅或顾准那样起而反抗才无愧于知识分子云云。我想，这种说法显然没有考虑钱锺书的文化使命。他不是战士，只是一个学者，我们不能将对战士的要求强加到一个学者身上，况且，在那样一个时代，钱先生站出来能起到多大的作用？有论者指出："即使钱激烈抗争而招致更残酷的迫害——这是可以肯定的，有每个过来人的经验为证，由学者化为烈士——这未必可以肯定，至少未必能以同等程度肯定，有储安平的命运为证，那也未必更有益于社会，因为这将使《管锥编》不会问世，就如倘若太史公不含垢忍辱而求死雪耻，《史记》将不会问世一样。这都不是中国人所期望的结果，尤其是那些谋求将爱国主义建立在传统文化及某些同胞所创获的杰出学术成就基础上的人们所期望的结果。"这应该是可以接受的持平之论。当然，也许因为对跨国界超古今的"永恒学问"的追求，钱先生可能对现实的关注少了点；也由于长期的书斋生活，他对民瘼的了解也不够深入全面，所以钱先生的书让人感到有些理性圆融有余而感性激越不足——尤其是文学创作，比如《围城》，对人生苦难的咀嚼体味就远不及鲁迅的《孤独者》、《在酒楼上》、《伤逝》等。有时我也傻想：以钱锺书的天才文笔而又有陀思妥耶夫斯基对人生苦难的体会认识，则中国将为世界文坛贡献出怎样伟大的作家？然而，我也知道，这是对钱先生的苛求，也是对文明的苛求——本来"梅须逊雪三分白，雪却输梅一段香"就是人类文明的一般规律。好在历史无情又有情，所以才在为我们带来了一位横眉挥笔的鲁迅的同时，又为我们送来了一位风华绝代的钱锺书！

最后，我们还可以来比较一下这两位大师的不同。在我看来，如果说鲁迅是旧时代的掘墓人，那钱锺书就是新文化的建设者；鲁迅如蚯蚓，不停松动文明根系的土壤，钱锺书则如蜜蜂，辛勤酿就文化遗产中的甘蜜；鲁迅如经天烈日，光芒万丈，钱锺书则如晓风残月，回味无穷；鲁迅如烈酒，喝之则热血沸腾，钱锺书则如清茶，饮之则沁人心脾；鲁迅使我们感到生命的激越，钱锺书却让我们领略生命的厚重……不过，我更愿意把他们二人比喻成中国传统哲学中的"阴阳"：鲁迅主阳，象征着"天行健，君子以自强不息"的进取；钱锺书则主阴，体现出"地势坤，君子以厚德载物"的包容。同时，他们又各自阳中有阴——比如鲁迅也有柔情似水的《朝花夕拾》；阴中有阳——比如钱锺书在那次举世震惊的"风波"以后也曾有"对症亦知须药换，出新何术得陈推"的喟叹。二人在一起就构成了中国传统文化中那神秘莫测至高无上的——"太极"。

2001/1/25

有些事，你不能往细了想

很多事情，我们初一听，是"挺美好的一件事"，可却细想不得
——一细想，它就可能不太美好了。

鲁迅在其《病后杂谈》中，有这么一段："我曾经爱管闲事，知道
过许多人，这些人物，都怀着一个大愿。大愿，原是每个人都有的，不
过有些人却模模糊糊，自己抓不住，说不出。他们中最特别的有两位：
一位是愿天下的人都死掉，只剩下他自己和一个好看的姑娘，还有一个
卖大饼的。"另外一位我们且不管，先看看这位。这位的愿望应该是挺
美好的：想想，这世上没有其他人，只剩下自己和一个好看的姑娘。那
么，结论是什么呢？当然好看的姑娘不管愿不愿意都只能和他成双成对
比翼双飞了——而且，还不必担心吃喝，因为还有一个卖大饼的。这样，
吃喝玩乐全都有了，如此这番，你能说这不是"挺美好的事"么？不过，
此事不能细想，一细想，它可能就不那么美好了。譬如这位吧，他之所
以愿天下人都死，却留下自己和一个好看的姑娘，就是希望没有竞争，
自己可以独享那好看的姑娘；可又鉴于不能空着肚子跟姑娘随心所欲，

所以又希望还有个卖大饼的。于是，问题来了：要是那好看的姑娘没有看上这位幻想家，却看上了卖大饼的，怎么办？这种可能应该是非常大的，原因是在他们这三人世界中，卖大饼的掌握着稀缺资源——大饼。按照我们中国妇女"嫁汉嫁汉，穿衣吃饭"的传统，我们有什么理由认为这好看的姑娘一定要嫁给幻想家，而不嫁给"资本家"（大饼就是他的资本）？退一万步说，就算这姑娘爱情至上，真正爱上了幻想家也有问题。因为，如果"资本家"看上这姑娘的话（按"食色，性也"的圣人教导，"资本家"完全可能看上"好看"的姑娘——"不好看"也可能看上），他完全可以以大饼为武器，逼迫姑娘就范，而那姑娘也肯定会就范——不是么？当你连肚子都吃不饱的时候，在爱情和大饼面前，你是选择爱情，还是选择大饼？鲁迅先生早就说过，人必须首先活着，爱才能有所附丽。而且，更要命的是，幻想家本人，也完全可能因为大饼而放弃爱情！所以，在他们这三人的博弈之中，幻想家是最弱势的。姑娘有"好看"，"资本家"有大饼，幻想家有什么？结局只能是卖大饼的和好看的姑娘双宿双飞爱河永浴，而我们的幻想家却只能给他们二人做仆人当走狗，以此换取自己生存资本——大饼。看，就这么一细想，原本很美好的一件事儿，就这么美好不起来了！

再比如，我们读《论语》都会读到这样一句夫子遗教，那就是"勿友不如己者"。这当然也是"挺美好的一件事"：交的朋友都是比自己高明的，自己跟他们相交自然只有进没有出，只要"好好学习"就能"天天向上"——这多美好？用诗人的话来说，就是"谈笑有鸿儒，往来无白丁"！可，此事也不能细想。仔细一想就会觉得玄。如果大家都奉这句夫子遗教为座右铭，坚决实行，试想这世上还有朋友这一说么？你要交比你高明的人做朋友，对不如你的人弃若敝屣；而比你高明的人呢，也要交更高明的人做朋友，对你这样的下三烂不理不睬；更高明的人……依此类推，大家眼睛都往上看，谁能跟谁做朋友？所以，如果人人都"勿友不如己者"的话，结果是谁都交不上朋友，大家都只能做孤魂野鬼！看看，原本"挺美好的一件事"，这么一细想，就一点也没办法美好起来了。

有一群老鼠被一只猫追得魂飞魄散，几个小兄弟还给吃了个尸骨不存。于是，它们坐在一起商量对策。最后，一只聪明绝伦的老鼠提出对策：系一只铃铛在那个猫大爷脖子上，这样，每次它一来，我们很远就能听到那铃铛声，便可从容后退，既不吃惊，又不受害。对策一出，众老鼠纷纷叫好——是呵，这是一件多美好的事儿？一个铃铛不就把自己的生存危机彻底解决了么？可是，在纷然不绝的叫好声中，一个细心的老鼠提了这么一个扫兴的问题："这铃铛，由谁挂在猫脖子上呢？"这一问，还真把群情振奋的老鼠们给问住了：是呀，这铃铛谁去挂？你去？它去？还是……我去？谁去还不被那猫大爷一口吞掉呀！得，就这么一细想，"原本一件美好的事儿"也就再也没办法美好起来了。

以前，我爷爷告诉我，人生在世，不能只想好事时曾这么说："你不能指望人人都坐轿子。"真的，人人都坐轿子无疑是件美好的事儿。可，我们一细想，就会提出这么一个煞风景的问题：人人都坐轿子，那这轿子谁来抬？

2006/1/9

重温鲁迅遗言

关于所谓"天才作家"、"青年领袖"韩寒其作品是不是有人代笔的争论甚嚣尘上，离尘埃落定的一天尚需时日。不过，这倒让人不禁想起已经逝世七十多年的鲁迅的遗言来，重温先生遗言，或许可以为我们这个日益浮躁的文坛提供一剂清醒剂。

1936 年，鲁迅病故前，曾留下一份遗嘱：

一、不得因为丧事，收受任何人的一文钱——但老朋友的，不在此例。二、赶快收敛、埋掉、拉倒。三、不要做任何关于纪念的事。四、忘记我，管自己生活——倘不，那就真是糊涂虫。五、孩子长大，倘无才能，可寻点小事情过活，万不可去做空头文学家或美术家。六、别人应许给你的事物，不可当真。七、损着别人的牙眼，却反对报复，主张宽容的人，万勿和他接近。(《且介亭杂文·死》)

鲁迅的这几条遗嘱，可谓字字珠玑，值得大书特书，而其中"孩子长大，倘无才能，可寻点小事情过活，万不可去做空头文学家或美术家"

尤其足以警醒世人——也正因为如此，在鲁迅逝世后，蔡元培先生的挽联才专门拈出鲁迅《中国小说史略》和这条遗嘱来立论："著作最谨严，岂徒中国小说史；遗言犹沉痛，莫作空头文学家！"而1950年10月，在纪念鲁迅逝世14周年的茶话会上，陈毅元帅即席撰的挽联中，又提到了这一点："要打巴儿落水狗，临死也不宽恕，懂得进退攻守，岂仅文坛闯将；莫作空头文学家，一生最恨帮闲，敢于嬉笑怒骂，不愧思想权威！"

为什么鲁迅在遗嘱中会郑重其事地提及"孩子长大，倘无才能，可寻点小事情过活，万不可去做空头文学家或美术家"？这主要是因为，作为资深作家和美术欣赏家，鲁迅知道一个真正有成就的作家或美术家除了自身努力而外，天分（也就是鲁迅文中所谓"才能"）是很重要的，没有才能而靠其他歪门邪道硬要去做，就只能成为"空头文学家或美术家"。

什么是"空头文学家或美术家"？鲁迅发表在1933年8月26日《申报·自由谈》上的《各种捐班》一文中的"捐班学士文人"和"捐班文学家"、"捐班艺术家"就是——

到得民国，官总算说是没有了捐班，然而捐班之途，实际上倒是开展了起来，连"学士文人"也可以由此弄得到顶戴。开宗明义第一章，自然是要有钱。只要有钱，就什么都容易办了。譬如，要捐学者罢，那就收买一批古董，结识几个清客，并且雇几个工人，拓出古董上面的花纹和文字，用玻璃板印成一部书，名之曰"什么集古录"或"什么考古录"。李富孙做过一部《金石学录》，是专载研究金石的人们的，然而这倒成了"作俑"，使清客们可以一续再续，并且推而广之，连收藏古董，贩卖古董的少爷和商人，也都一榻括子的收进去了，这就叫作"金石家"。

捐做"文学家"也用不着什么新花样。只要开一只书店，拉几个作家，雇一些帮闲，出一种小报，"今天天气好"是也须会说的，就写了出来，印了上去，交给报贩，不消一年半载，包管成功。但是，古董的花纹和文字的拓片是不能用的了，应该代以电影明星和摩登女子的照片，因为这才是新时代的美术。"爱美"的人物在中国还多得很，而"文学家"或"艺术家"也就这样的起来了。

值得鲁迅欣慰的是，他的这条遗嘱得到了完全的执行，鲁迅唯一的儿子海婴确实没有依仗父亲在文坛的地位和影响而顺理成章地成为空头的"文学家或美术家"。海婴在《我学无线电》一文中写道：

1945 年，我又因气喘病发辍学，这时虽然抗战已达七年多，胜利曙光就在眼前，但孤岛的生活环境也愈加紧迫。这一年我已 16 岁，马上要迈入成年的门槛了。母亲便和我商议：虽然我不能正常上学读书，但老是在家里闲着无所事事，也不是办法，不如趁机去学习些什么为好。上海的短期学校有好几类，还是寻个夜校去读，比如簿记、会计之类，这样好歹也能有个一技之长，将来可以找个吃饭的去处。但我去试听后觉得与我的兴趣大不相合。还有一种是无线电技校，分电讯班和工程班，有三极无线电学校、中华无线电工专、南洋无线电工专等，晚上也可上课，并不影响我白天复习中学的课程。这倒是我的爱好所在。至于学费的筹措，我曾在两年前利用压岁钱等私蓄买了架照相机，可以把它卖掉。母亲想想也同意了。

看到没有，海婴和他母亲一心想的是"还是寻个夜校去读，比如簿记、会计之类，这样好歹也能有个一技之长，将来可以找个吃饭的去处"。在这人生选择的关键时刻，他们母子俩根本没有想到利用自己的丈夫／父亲在文坛上的巨大影响来为自己谋利益；而且，所有的人生设计都只顾及自己的兴趣、学业和理想，只字未提文学、美术——为什么？就是因为鲁迅的遗嘱在他们心目中是有分量的。也因此，海婴后来成了一个踏实本分的无线电专家，而没有靠父亲的福荫做什么文学家。

海婴生前在接受某报记者采访的时候，也曾说过一段话："'不做空头文学家'，我想父亲的这句话至今还有其社会意义。现在这个'家'、那个'家'多如牛毛、数不胜数，到底有几个是货真价实的？所以我建议大家，特别是年轻人，不要急着成'家'，多做点力所能及的事情，心里面最踏实。"

反观一下我们今天的社会——韩寒的事究竟如何，我们且不去说他——不是出现了诸如一些作家、主编乃至作协主席之类的人物，在他们子女成为"天才作家"、"文坛新秀"的同时，自己却在文坛上消失，再无作品问世的奇怪现象么？这其中，是不是有这些所谓"天才"、"新秀"的父母们在背后推波助澜拔苗助长乃至越俎代庖代子操刀？这样炮制出来的"天才"与"新秀"较之鲁迅所谓"捐班作家"恐怕都不如，又如何逃得脱"空头"二字呢？

一位叫刘太品的青年诗人十多年前曾在《星星诗刊》发表过这么一首题为《衙内》的诗：

粗大的树身上
长出的一根细枝
衙内出身很高
根基却很浅

浓荫屏蔽风雨时
也阻断了阳光
衙内因营养过剩
无法长成可用之材

衔内底气不足
常由几根帮闲扶持着
采几朵野花挂向枝头
便阵阵春风得意

没有属于自己的根
衔内很难适应天气
所以常常夭折在
大树枯萎之前

当然不止"衔内"如此，那些靠父母们在背后推波助澜拔苗助长乃至越俎代庖操弄出来的文坛"天才"、"新秀"也如此——这或许就是我们需要重温鲁迅遗言的缘故吧。

2012/3/19

周作人与吴梅村

　　在周作人浩如烟海的文章中，提到明末清初的吴梅村的地方不多，偶尔涉及也一笔带过。比如在《秉烛后谈》的《水田居存诗》一文中说《水田居诗》："题序殊佳，唯不知此辈为何如人，岂亦牧斋、梅村之流也欤？"又比如在《苦茶随笔》的《重刊袁中郎集序》一文中，谈及《礼记》中"乱世之音怨与怒，其政乖"时有云："孔颖达解亡国为将欲灭亡国，这也不对，亡国便干脆是亡了的国，明末那些文学或可称之乱世之音，顾亭林、傅青主、陈老莲等人才是亡国之音，如吴梅村临终的词也是好例。"当然谈得不多不等于他对此人毫无兴趣，倒极有可能是因为这个人就是自己的一面镜子，出于心理的自卫机制，因为不愿意在镜中看到自己也不愿意面对的尊容而有意回避。在《永日集》的《历史》一文中，他就在不经意中透露出这样的心声："假如有人要演崇弘时代的戏，不必请戏子去扮，许多角色都可以从社会里去请来，叫他们自己演。我恐怕也是明末什么社里的一个人，不过有这一点，自己知道有鬼附在身上，自己谨慎了，像癞病患者一样摇着铃铛叫人避开。"如果我们细究此言，那么周作人所说的这个人，非明末复社的重要成员、"江左三大家"之一的吴伟业莫属。

这首先是因为他们在文坛上的身份地位相似。吴伟业（1609—1672）乃明末清初诗人，字骏公，号梅村，江苏太仓人。他自幼颖悟，14 岁即通《春秋》及《史记》《汉书》《后汉书》，为复社领袖张溥所赏识，成为张的入室弟子。复社是当时重要的文学团体和政治团体。吴伟业是复社的重要成员，名列"十哲"。他 23 岁中会元，殿试一甲第二名进士，授翰林院编修，更是名动天下。作为明末清初的著名诗人，他与钱谦益、龚鼎孳并称"江左三大家"，又为娄东诗派开创者，长于七言歌行，初学"长庆体"，后自成新吟，后人称之为"梅村体"。其诗作感伤时事，悲愤凄怆，对明末的社会矛盾有着深刻而清醒的认识，其不忘家国之情，灼然可见。

而周作人在现代文坛的地位较之吴梅村可谓有过之而无不及。周作人（1885—1967）是浙江绍兴人，原名遐寿，字星杓，后改名奎绶，自号起孟、启明（又作岂明）、知堂等。作为现代文学史上有影响的散文家，周作人最早在理论上从西方引入"美文"的概念，提倡文艺性的叙事抒情散文，对中国现代散文的发展起了积极的作用。在创作实践上，他从自己的个性出发，从英国随笔、明末小品、日本俳文中汲取养料，形成了独特而成熟的艺术风格。他追求知识、哲理、趣味的统一，在娓娓絮语中，针砭时弊，纵谈文史，描摹风物，探寻人情物理，显示着爱智者的博识与理智。20 世纪 20 年代，在周作人影响下，形成了包括俞平伯、废名等作家在内的、以"冲淡"、"清涩"为主要特色的散文创作流派，这是一个被文学史家认为"很有权威的流派"。周作人一生著述涉及领域极广，在民俗学研究、儿童文学与民间文学研究、希腊及日本文化研究、性心理研究等方面都有开拓性的贡献。20 世纪 30 年代，鲁迅在回答日本友人"谁是当今中国最好的散文作家"提问时，给出的答案是：周作人、林语堂、鲁迅，由此可见周作人在文坛的地位。

周作人与吴梅村更大的相似还在于面临人生巨大转折时的选择。

崇祯十七年（1644）李自成攻陷北京，崇祯在梅山自杀身亡，吴伟业得讯后几欲自杀，为家人所阻，为此大病一场。他的好友王翰国与他相约出家。王翰国就是愿云和尚，听说国变后恸哭别庙，焚书出家。吴伟业以舍不得家人为由拒绝了王翰国。其实当时出家是一个很好的全节的机会，吴伟业没有殉国、没有出家，主要是其儒弱的性格决定的。此后多年吴伟业就在家乡太仓过着半隐居的生活。而历史终究难以个人意志为转移。顺治九年（1652），清廷意识到单纯依靠诛杀，容易激起人民的不满和反抗，于统治而言并非长久之计，因此顺治时期已经采取了一种新的怀柔政策。清廷通过请有声望的遗民出任新朝做官，分化遗民队伍，削弱他们抗清的实力，这就是顺治九年的"诏起遗逸"，而像吴梅村这样的文坛名流，因其巨大影响力，自然首在"诏起"之列。顺治十年（1653），清朝吏部侍郎孙承泽推荐吴伟业出来做官，说他堪为顾问之职。吴梅村的儿女亲家陈之遴和大学士陈名夏也极力推荐，有司再三敦逼，吴梅村辞之再四，二亲流涕相求，万般无奈，他只能北上就诏。在《与子暻疏》中，他对此有这样的描述："不意荐剡牵连，逼迫万状，老亲惧祸，流涕催装。同事者有借我为剡矢，吾遂落彀中不能白衣而还矣！"入京之后，授秘书院侍讲，旋升国子监祭酒。

周作人也不幸面临这样的选择。1937年卢沟桥事变爆发，日本大举入侵华北，北京大学撤离北平，周作人因为家累，没有同行，成为四名"留平教授"之一（另外三位留守的教授是孟森、马裕藻、冯祖荀），受校长的委托看守校产。日本人占领北平之后，像周作人这样的中国文坛巨星也面临当年吴梅村的窘境：日本人希望在学界有巨大影响力的周作人出来跟自己合作以彰显所谓"中日亲善"。开始周作人并不愿附逆。

1937 年 11 月 1 日《宇宙风》上刊发的周作人写给陶亢德的信中，他强调："请勿视留北诸人为李陵，却当作苏武看为宜。"与此同时，他还努力在日本占领下谋生，先是应胡适主持的文化基金编译委员会委托，在家里翻译英文和古希腊文稿件，直到文化基金编译委员会辗转搬到香港。1938 年 9 月起至燕京大学国文系以客座教授的身份每周授课 6 小时。然而，当年顺治皇帝不允许吴梅村逍遥太仓，今日的日本人也不会允许周作人遁迹大学。1939 年元旦，自称是周作人的学生的一名姓李的客人求见周作人，突然开枪将他击倒，子弹射中铜扣，周作人因此仅受轻伤。凶手逃逸后未被捉获，杀手究竟是谁一直众说纷纭。周作人始终坚持是日本军方的阴谋，日方则说是国民党特务所为。不管是谁开的枪，都说明了以周作人在当时文坛的地位，是不可能逍遥于时势之外的，他必须做出选择。周作人在遇刺的十多天后，接受了伪北京大学的任命，出任伪北大图书馆馆长之职，最终还是落水"附逆"。

有趣的是，二人在落水之前，都有文坛好友对其晓以大义，而且用词也如出一辙。

吴梅村被诏之初，其好友侯方域曾给吴梅村寄了一封信，信中极言梅村不可出者有三：吴伟业蒙崇祯皇帝重恩，举科名第一等，这是第一不可出；短短数年吴伟业就被崇祯提升为大臣，这是第二不可出；侯朝宗认为吴伟业再次出山官位清望都会有所损失，这是第三不可出。其中尤其痛言："十年以还，海内典型沦没殆尽，万代瞻仰，仅有学士，而昔时交游能稍稍开口者亦惟域尚在，故再四踟蹰，卒不敢以不言。"书信的最后侯方域寄来一首诗，其中有云："少年学士今白首，珍重侯嬴赠一言。"

无独有偶，1938 年 4 月 9 日，日本侵略者在北平召开了所谓的"更生中国文化建设座谈会"。而据当时的《大阪每日新闻》报道，周作人参加了这次会议并讲了话。北平的一家报纸转译了《大阪每日新闻》的这条消息，并刊登了周作人讲话的内容。旋即，茅盾、郁达夫、老舍、胡适、丁玲、夏衍等18位作家在《抗战文艺》上发表了《给周作人的一封公开信》，信中说："惊悉先生竟参加敌寇在平召集的'更生中国文化座谈会'，照片分明，言论俱在，当非虚构。先生此举，实系背叛屈膝事仇之恨事，凡我文艺界同人无一不为先生惜，亦无一不以此为耻。先生在中国文艺界曾有相当的建树，身为国立大学教授，复备受国家社会之优遇尊崇，而甘冒此天下之大韪，贻文化界以叛国媚敌之羞，我们虽欲格外爱护，其如大义所在，终不能因爱护而即昧却天良。……希能幡然悔悟，急速离平，向道南来，参加抗敌建国工作……"

特别值得一提的是，周作人五四时代的老友胡适，此时远在英国伦敦，在获悉周作人有意出山后，也像侯方域一样在这年8月4日给周作人寄来"海天万里八行诗"：

藏晖先生昨夜作一个梦，梦见苦雨庵中吃茶的老僧，忽然放下茶盅出门去，飘然一杖天南行。天南万里岂不大辛苦？只为智者识得重与轻。梦醒我自披衣开窗坐，谁知我此时一点相思情。

其命意跟当年侯方域予吴梅村的书信可谓异曲同工。据周作人在《回忆胡适之》一文讲：

我接到了这封信后，也作了一首白话诗回答他，因为听说就要往美国去，所以寄到华盛顿的中国使馆转交胡安定先生，这乃是他的临时的别号。诗有十六行，其词云："老僧假装好吃苦茶，实在的情形还是苦雨，近来屋漏地上又浸水，结果只好改号苦住。晚间拼好蒲团想睡觉，忽然接到一封远方的信，海天万里八行诗，多谢藏晖居士的问讯。我谢谢你很厚的情意，可惜我行脚却不能做到；并不是出了家特地忙，因为庵里住的好些老小。我还只能关门敲木鱼念经，出门托钵募化些米面，

——老僧始终是个老僧,希望将来见得居士的面。"廿七年九月廿一日,知堂作苦住庵吟,略仿藏晖体,却寄居士美洲。十月八日旧中秋,阴雨如晦中录存。

然而,胡适当年并没有收到周作人这首托中国驻美使馆转交的诗,当他看到这诗时,时间已是 1938 年 12 月 13 日了,此时诗的作者已经"附逆",胡适惆怅之余,写了这样四句诗:"两张照片诗三首,今日开封一偶然。无人认得胡安定,扔在空箱过一年。"

当然,需要指出的是,虽然周作人与吴梅村在落水的过程乃至心态上极为类似,但他们对此事的反思却大相径庭。

大致说来,吴梅村对此举一向后悔,认为这是自己毕生的遗憾与污点。顺治十三年(1656),吴梅村借奔母丧名义,辞官不出,居家至死。为清朝服务三年,让他后悔了一辈子。他时时忏悔,努力救赎,还精神与情感,换道义和良知,以还故国和恩主的债。"万事催华发,论龚生、天年竟夭,高名难没。吾病将难医药治,耿耿胸中热血。待洒向、西风残月。剖却心肝今置地,问华佗解我肠千结。追往恨,倍凄咽。 故人慷慨多奇节。为当年、沉吟不断,草间偷活。艾炙眉头瓜喷鼻,今日须难诀绝。早患苦、重来千叠。脱屣妻孥非易事,竟一钱不值何须说!人世事、几完缺?"吴梅村在他的词《贺新郎·病中有感》里所表现出来的沉重、抑郁、内疚、自责,尽管相隔数百年,我们仍能深切感到他的泣血和伤痛。

而周作人对自己"附逆"却几乎没什么反思忏悔。抗战胜利后,周作人被捕入狱,周作人在《自白书》里这样辩解:"初拟卖文为生,嗣因环境恶劣,于(民国)二十八年 1 月 1 日在家遇刺,幸未致命,从此大受威胁……以汤尔和再三怂恿,始出任伪北京大学教授兼该伪校文学院院长,以为学校可伪学生不伪,政府虽伪,教育不可使伪,参加伪组织之动机完全在于维持教育，抵抗奴化。"在法庭上，周作人也这样辩称："头二等的教育家都走了，像我这样三四等的人，不出来勉为其难，不致让五六等的坏人，愈弄愈糟。"后来，周作人还一再表白，自己"出山"并非为敌所迫，有着完全的自主，用他引用孔子的话就是："子曰：譬如为山，未成一篑，止，吾止也；譬如平地，虽覆一篑，进，吾往也。"朱熹论之云："其止其往，皆在我而不在人也。"晚年，周作人在给香港友人信中也说："关于督办事，既非胁迫，亦非自动。……当然是由日方发动，经过考虑就答应了。"他还多次引用《东山谈苑》："倪元镇为张士信所窘辱，绝口不言。或问之，元镇曰：'一说便俗。'"在晚年他经常表示对杜牧的"忍过事堪喜"激赏不已，以此来表白自己。

两人对"落水"的不同态度一直持续到他们的临终遗言之时。清康熙十年（1671）吴梅村去世，死前留下遗言："吾一生遭际，万事忧危，无一刻不历艰难，无一境不偿辛苦，实为天下大苦人。吾死后敛以僧装，葬我邓尉灵岩之侧，坟前立一圆石，题曰：'诗人吴梅村之墓'，勿起祠堂，勿乞铭。"之所以葬在"邓尉灵岩"，乃是因为此地多古英雄墓地，宋代的爱国英雄韩世忠就是葬在这里，明末的遗民常立愿以灵岩为埋身之地，以表示他们的爱国心与古英雄相同，这是吴伟业临终遗嘱的深意之一；于墓前竖圆石题诗人墓，是要以诗人的形象留给后代，而不愿后代的人记起他入清之后的经历，这是用意之二；敛以僧装则是履践他生前未曾实现的出家的允诺，而且他即使不能按明朝衣冠入葬，至少也用僧服装敛，以表示他志在不忘故明，要以此心告诉天下后世。其对落水附敌的忏悔，可谓贯彻始终。

而周作人的遗言可就两样了。1965 年 4 月 26 日，时已 80 岁的周作人自度将不起，也立下遗嘱，其云："余今年已整八十岁，死无遗恨，姑留一言，以为身后治事之指针。吾死后即付火葬或循例留骨灰，亦随便埋却。人死声消迹灭最是理想。余一生文字无足称道，唯暮年所译

《希腊对话》是五十年来的心愿，识者当自知之。"没有忏悔（"死无遗恨"），也没有反思，只有对自己文字的牵挂。逾二年，周作人身故，时为 1967 年 5 月 6 日。

回想周作人之自语："我恐怕也是明末什么社里的一个人，不过有这一点，自己知道有鬼附在身上，自己谨慎了，像痫病患者一样摇着铃铛叫人避开。"不禁唏嘘。

2014/4/26

钱锺书对"祸从口出"的警惕

毋庸置疑，年轻时候的钱锺书是口无遮拦的——这一点，或许可以从他字"默存"上看出。杨绛就曾在《将饮茶》中提及，小时候的钱锺书是个"痴气"很重的孩子。作为"痴气"的表现之一，是他"专爱胡说乱道"，"好臧否古今人物"，所以在伯父去世后不久，他的父亲、著名国学家钱基博便替他改字"默存"，是"叫他少说话的意思"。为他父亲这一举措起码在钱锺书年轻时候是没起到多大作用的。青年时代的钱锺书照样是"指点江山，激扬文字，粪土当今众名流"的。譬如坊间就流传 20 世纪 30 年代，他在离开西南联大时就公开说："西南联大的外文系根本不行：叶公超太懒，吴宓太笨，陈福田太俗。"如果说这一点还无法确证（杨绛在 1998 年《吴宓先生与钱锺书》一文中对此作了否定），那他对老师吴宓的"口无遮拦"就是白纸黑字无从"抵赖"的。1937 年 3 月，钱锺书将题为《吴宓先生及其诗》的书评寄给吴宓，还附了封信。信中说寄上书评，以免老师责怒。吴宓看了书评后大为恼火，在 3 月 30 日的日记中吴宓这么写道："该文内容，对宓备致讥诋，极尖酸刻薄之至。……谓宓生性浪漫，而中白璧德师人文道德学说之毒，致束缚拘牵，左右不知所可。"更让吴宓怒不可遏的是书评中还"讥诋宓爱彦之往事，指彦为 super-annuated coquette（年华已逝的卖弄风情的女子）"。看到自己心爱的女子被这样形容，吴宓伤心到了极点。他感叹道："除上帝外，世人孰能知我？"末了，吴宓还愤愤然道："钱锺书君，功成名就，得意欢乐，而如此对宓，犹复谬托恭敬，自称赞扬宓之优点，实使宓尤深痛愤。"可见，钱锺书这篇口无遮拦的文章对他伤害之深。

然而，非常有意思的是，同样一个钱锺书，后来却真的做到了口不臧否人物，甚至避不见人的地步。

在刘再复先生的《钱锺书先生纪事》（见《东方早报》2009 年 11 月 15 日）一文中就提及："我接触交往的人很多，但没有见到一个像钱先生这样清醒地看人看世界。他对身处的环境、身处的社会并不信任，显然觉得人世太险恶（这可能是钱先生最真实的内心）。因为把社会看得太险恶，所以就太多防范。他对我说：'我们的头发，一根也不要给魔鬼抓住。'"为此，刘先生还举例，说是钱锺书不喜欢见人，不喜欢社交，不参加任何会议。他是作家协会的理事，但他从未参加过作协召开的会议，也不把作协当一回事。有许多研究学会要聘请他担任顾问、委员等，他一概拒绝。刘先生对此的解读是"除了洁身自好的品性使然之外，便是他对'魔鬼'的警惕"。至于在一般工作中钱锺书对祸从口出的警惕，也是十分明显的。他当了社会科学院副院长，只管一点外事。说是"一点"，是指他并非真管院里的全部外事。真管的还是赵复三和李慎之这两位副院长。但有些外国学者，特别是文学研究方面的学者，特别要求要见他的，或者院部领导人认为他必须出面的，他才不得不见。刘再复还回忆说，自己担任所长后，文学方面的来客真不少。有几次院部拟定钱先生必须出面，他应允后竟对外事局说："你们不要派人来，再复来就可以了，他不会英文，我可以当翻译。"而且说到做到，他真的不让院里所里的外事人员陪同，由刘先生和自己两个单独会见。钱先生不让别人参加，就是有所提防。

钱锺书这种因担心祸从口出而设的防线甚至布防到了朋友之间。晚年，他对两位孙辈青年曾有这样一段意味深长的劝诫："一个人对自己身边的人甚至自己的朋友，在与他们说话时要十分谨慎。如果他是一个表里不一的人，他可能会抓住你话中的漏洞从你身后边捅你一刀，把你卖了；如果他是一个软弱的人，在他人的恐吓、威胁下，他可能会做一些伪证，捏造一些无中生有的事件来；如果他是一个正直诚实的人，他可能会十分坦率地承认一些对你十分不利的事情；如果他是一个可以信赖的知心朋友，他可能会因保护你而牺牲了他自己。总之，心中毫无阻碍，说话毫无顾忌的人，很可能害人又害己。"从中，我们自不难读出钱先生对"祸从口出"的百倍警惕。

从"口无遮拦"的"中书君"到时刻警惕"祸从口出"的"默存"，这其间的变化不啻是天上人间，那么，这种变化的内在因素是什么？谁为为之？孰令致之？

这首先当然是因为现实因素。新中国成立后的钱锺书虽然"贵为""翻译毛选委员会"和"英译毛泽东诗词小组"的成员，却一直生活在"祸从口出"的阴影中，这阴影就是他头上——或者说是档案里——一直有一个很大的罪名，即"蔑视领导著作"。对此，杨绛先生在她后来的文章中屡有涉及。譬如在1980年出版的《干校六记》中，杨绛是这么写这件事的："'文化大革命'初期，有几个人联名贴出大字报，声讨默存轻蔑领导的著作。略知默存的人看了就说：钱某要说这话，一定还要俏皮些，这语气就不像。有人向我通风报信，我去看了大字报不禁大怒。我说捕风捉影也该有个风、有个影，不能这样无因无由地栽人。我们各自从牛棚回家后，我立即把这件事告知默存。我们同拟了一份小字报，提供一切线索请实地调查；俩人忙忙吃完晚饭，就带了一瓶糨糊和手电到学部去，把这份小字报贴在大字报下面。第二天，我为此着实挨了一顿批斗。可事后知道，大字报所控确有根据：有人告发钱某说了如此这般的话。这项'告发'显然未经证实就入了档案。实地调查时，那告发的人否认有此告发。红卫兵想必调查彻底，可是查无实据。默存下干校之前，军宣队认为'告发'的这件事情节严重，虽然查无实据，料必事出有因，命默存写一份自我检讨。默存只好婉转其辞、不着边际地检讨了一番。"而在1987年出版的《将饮茶·丙午丁未年纪事》中，杨绛又详细地介绍了自己"为此着实挨了一顿批斗"的详细经过，且把自己在这次批斗中的表现命名为"精彩表演"。她在九十高龄写就的《我们仨》中，再次提到了此事，在这本书的第124页写到钱锺书被调到翻译毛选委员会工作后的态度是"不求有功，但求无过"后，有这样一段描写："'无功无过'，他自以为做到了。饶是如此，也没逃过背后扎来的一刀子。若不是'文化大革命'中，档案中的材料上了大字报，他还不知道自己何罪。……我们爱玩福尔摩斯。两人一起侦探，探出并证实诬陷的是某某人。钱锺书与世无争，还不免遭人忌恨，我很忧虑。锺书安慰我说：'不要愁，他未必能随心。'锺书的话没错。这句话，为我增添了几分智慧。"或许因为自己的地位、同学（胡乔木）的暗中保护加上自己的坚定否认，钱锺书最终逃过一劫。劫后余生，当然会对这"祸从口出"的教训有百倍警惕。明乎此，我们才会真正明白为什么他会对刘再复叮咛："我们的头发，一根也不要给魔鬼抓住。"

其次，也是因为读史的醒悟。从20世纪50年代末，鉴于日益逼仄的言论空间和日益严酷的意识形态，钱锺书将自己的精力集中在了古籍的阅读点评上——其成果就是那部如今声名显赫的《管锥编》。在这一过程中，他难免会对传统文化中的"祸从口出"有更为深切和生动的了解与醒悟。譬如，在读《全上古三代文》部分（见《管锥编》第三册），钱先生在谈及武王《机铭》中的"口戕口"时，先是引出唐人孔颖达对此语的《正义》："病从口入，祸从口出。"继之则指出孔氏"《正义》语乃取之（唐人）傅玄《口铭》"。不难看出，从"病从口入，祸从口出"的角度疏解"慎言语，节饮食"一语，钱先生已经悄悄地把立足点置于社会政治层面，进而还引述了古罗马小说中"昧昧思之，人世无地不可覆舟也"的警句。钱先生特别指出"诸如此类，斤斤严口舌之戒而驰口腹之防，亦见人之惧祸过于畏病，而处世难于摄生矣"。在《管锥编》论及《桓子新论》时，为释"新论"中的"夫言语小故，陷致人于族灭，事诚可悼痛焉"数句，钱先生引录了诸如《宋书》、《魏书》及岳珂《绎史》等众多古籍所载"口戕口"的实例，让人们感受到了专制统治的恐怖阴森。

总而言之，正是自己的特殊际遇以及在读史过程中对中国历史的深切把握，使得钱先生形成了对"祸从口出"的特别警惕。

2014/3/24

钱锺书的好记性从哪里来

　　读钱锺书的学术著作，无论是《谈艺录》、《管锥编》还是《宋诗选注》，我们都会有一种河伯见到大海时的感觉："望洋兴叹"。以《谈艺录》论，在书中他援引的中外文学资料就达 1100 多种，其中历代各家诗话达 130 种,可以说中国诗话史上的重要著作无一漏网。而《管锥编》就更是浩无边际了，此书共征引了 4000 多位作者的上万种著作，其中西方作家与学者在千人之上，作品达 1800 多种。钱先生曾对李慎之先生说："我这辈子对西方的大经大典算是基本上读遍了！"如此"大话"，试问在中国今天有谁能发？就是台湾那个从来不肯甘居人下、屡屡自称为中国读书第一多者的李敖，在谈到钱锺书时也不得不表示"他（钱锺书）读书一流"！

　　钱先生读书如此之多，又对所读之书记得如此之深——深到可以任意援引、细加批评的程度，关于他记忆好的"神话"也就滔滔不绝了。例如有人讲钱先生寓所里根本就没有书——他读的书全在脑子里！还有人说钱先生读书根本不用记笔记——书中的内容全在他脑子里呢，还记什么呢？还有人直接讲钱先生有"照相机"一般的记性，看过的书一下全记住了，以后要引用，一拍脑袋就什么都有啦……总之，这些传说给人的感觉就是钱先生弄学问很容易，一点也不费劲儿，而这全因为他有天生好的记忆力。也因此有"专家"这么说："《管锥编》实在没什么，将来电脑发达，资料输进去都可以处理的。"——似乎钱先生也就一台超级电脑！这让人想起当年胡适在谈到国学大师陈寅恪时冒的酸——"陈先生其实没什么，也就记性好"的典故来。这种神话流传的另一个弊病是，我们一般人在佩服钱先生的同时，也许就会以他天生记性那么好，当然可以取得这些成就，我要有这么好的记性我也能如此这般的心理来自我安慰自我解嘲——而这，显然是误会了钱先生，也误导了自己。

事情的真相并非这样。杨绛先生在《读书》2001 年第 10 期著文披露，钱先生早在年轻时在牛津大学求学时就养成了记读书笔记的习惯。回国之后，无论经历怎样的社会动荡，不管是在偏僻的"三闾大学"，还是在险恶的"上海孤岛"；也不管是"三反"、"五反"，还是"文化大革命"，他都没有中断记这些读书笔记——"铁箱、木箱、纸箱，以至麻袋枕套里进进出出"。那么，除了成书的著作外，这些笔记到底有多少呢？杨绛先生介绍道：第一类，外文笔记，包括英、法、德、意、西班牙、拉丁文等文种，共有笔记 178 册，34000 多页！第二类，中文笔记，也有 3 万多页，与第一类相似。第三类为日札即读书心得，23 册，2000 多页，分为 802 则。也就是说，在钱先生 50 多年的研究生涯中，他记了 7 万多页的读书笔记，平均每年 1400 多页，每天将近 4 页！每天 4 页的读书笔记，这看似寻常，可所有读过书写过字的人都会明白这有多不容易——不要说写读书笔记了，就是让我们每天随心所欲地写 1页日记，能坚持 50 年的，我看都没有几个！我们还必须注意到，钱先生这 50 年并不是风平浪静的 50 年——这点，我们只要看看与他同时代的作家比如曹禺比如巴金在新中国成立后所写的文章或作品，或其他成文字东西的多少就可以明白。看了这样的介绍，也许我们才能真正明白钱先生那"照相机"般的记忆从何而来——恩格斯说过，在科学上没有平坦的道路，只有那些不畏艰难，沿着陡峭的山路攀登的人，才有希望达到光辉的顶点。钱锺书的成就与勤奋又一次证明了这一点。而那些制造神话相信神话的人们看了这样的介绍也该会明白：其实，钱先生与我们一样是凡人，而他所取得的非凡的成就全靠自己非凡的努力自强。

记得当年有人恭维鲁迅是天才时，鲁迅笑答："哪有什么天才？我是把别人喝咖啡的时间都用在了工作上。"而钱锺书在回答别人对他成就的称颂时也不过淡淡道："我不过耐得住寂寞而已。"

2001/11/10

小波的"伟大"

这里的"小波"是指 1997 年 4 月 11 日去世了的自由作家王小波，也许，把他和"伟大"套在一起，他在九泉之下知道了也会哑然失笑——在他生前发表的诸多文字中，他对诸如"伟大"呀、"崇高"呀这些个高高在上，俯视众生，要芸芸众生无条件地向"它"靠拢的词汇进行了无微不至的"解构"，而且是说得那么的有理有据，让人除了点头而外别无选择。比如在《关于崇高中》，小波就这么说："在七十年代，人们都这么说，大公无私是崇高之所在。为公前进一步死强过为私后退半步生。这是不讲道理的：我们都死了，谁来干活呢？这煽情伦理流行之时，人所共知的虚伪无所不在；因为照这些高调去生活，不是累死就是饿死——高调加虚伪才能构成一种可行的生活方式。"他还说："与此相反，在英国出现了一种一点都不煽情的伦理学。让我们把这相反的事情说一说——罗素先生这样评价功利主义的伦理学家：这些人的理论虽然显得卑下，但却关心同胞的福利，所以他们的品格是无所挑剔的。然后再让我们反过来说——我们这里的伦理学家既然提倡相反的伦理，评价也应该是相反的。他们的理论虽然崇高，但却无视多数人的利益，这种偏执还得到了官方的奖励，在七十年代，高调唱得好，就能升官——他们本人的品行如何，也就不好说了。"就这样低调务实的人，能和"伟大"挂钩？

其实，一个人是否"伟大"，在我看来并不在于他唱的调子是否"伟大"或"崇高"，关键在他做什么和怎么做——对思想者来说，就是看他想什么和怎么想。我评价一个人是否伟大，标准也很简单：就看他能不能超越自己的所属阶层，从别人的角度去看问题——所谓"海纳百川，有容乃大"的"大"。比如鲁迅，他本来是教育部官员、大学教授，可他就能从属于民工阶层的人力车夫对一个可能有敲诈嫌疑的老妇人的负责关照中看出穷人的"大"和自己的"小"来，这就是伟大！同样的，他还能从孔乙己的可笑中看出他的不幸与辛酸；从阿Q的疯疯癫癫中看出中国一般大众的悲凉与痛苦；用祥林嫂的挣扎与失败刻画出中国社会的黑暗……这就是伟大！王小波也一样。他自己虽然是留学生，是大学教师，辞职后也是一个有身份有地位的自由作家，可他并不是只会从自己的角度去看问题，也能站在对方的立场去看待问题，从而对对方一些看来出格的言行举止给予同情和理解，所以我说他伟大。

民工是现在大城市市民所头痛的一个问题，一提到他们，许多人都会露出鄙夷和不屑的神色。民工自己因为文化水平与社会地位都低，没有"话语权"，普遍处于"失语"与"被命名"的状态。王小波作为一个地道的城里人，开始对民工也颇多不满。在《饮食卫生与尊严》中，他就说："我认识一个人，是从安徽出来打工的。学了点手艺，在个体餐馆里当厨师。后来得了肝炎，老板怕他传染给顾客，把他辞掉了，他就自制熟肉到街上去卖。我觉得这很不好，有传染病的人不能卖熟食，你要问他为什么这么干，他就说要赚钱。大家想想看，人怎么能这样待人呢。只有无赖才这样看问题。"他还进一步补充："你穿着衣服在街上一走，别人都把你当人看待。所以，在你做东西给别人吃时，该把别人当人看待。"

我想，站在城里人角度或者一般人角度，在这件事上，大家都会认为小波这结论是公正的，并没有什么不妥。可王小波超过我们一般人——或者说他伟大——之处就在于：他能超越这样的看法。

王小波讲，后来有一次，他去为朋友搬家。出去时穿得比较破，回来时他身上又多了些泥土污渍什么的，脸色又天生地"黑"，这一来就有些像那些个"外地来京人员"了。于是乘车时，从售票员到乘客都对他不大客气。路上不小心撞了个人，不等他道歉，对方也就很"自然"地对他吼开了——这事要换了一般白领或什么成功人士，大概也就回敬两句"三字经"后回家洗澡换衣罢了。王小波当然也回家洗澡换衣，可他让人佩服之处就在于他还琢磨这事，而且得出了这样的结论："假如我说，我因此憋了一口气，第二天就蹬了一辆三轮车，带了一个蜂窝煤炉子、一桶脏水到街上练早点，那是我在编故事。但我确实感到了，假如别人都不尊重我，我也没办法尊重别人。假如所有的人都一直斜眼看我，粗声粗气说说我，那我的确什么事都干得出来。"他还说："我以为，假如一个人生活条件和人际关系上都能感到做人的尊严，他就按一个有尊严的人的标准来来行事，像个君子。假如相反，他难免按无尊严的方式行事，做出些小人的行径。虽然君子应该避恶趋善，不把自己置于没有尊严的地位，但这一条有时我自己也做不到，也不好说别人了。前些时候看电视，看到几个'外地来京人员'拿自来水与脏东西兑假酱油，为之发指，觉得不仅国家该法办这些人，我也该去啐他们一口。但想想人家住在什么地方，受到什么样的待遇，又有点理不直气不壮。在这方面，我应该做点事，才好去吐唾沫。"

小波的伟大，就在于他在看到一些个民工穷人的不道德不文明的同时，也带着深深的同情去探讨了他们这种做法的原因背景——换句话说，他能够超越自己这"在京人员"的立场而站到"外地来京人员"的角度去看这个问题，所以他能得出和一般人不太一样的结论。我们说作家也好学者也好，应该成为"社会良心"。什么是"社会良心"？这就是。

这不由让我想起《书屋》2000 年第 6 期上一篇名叫《"穷人"，文明史的反面角色之一》的文章。在这篇文章中，作者很不客气地将"穷人"定为文明社会的"反面角色"。而为了使论点不至于引起大多数"穷人"的反感（毕竟，中国现在也还是个发展中国家，人均国民收入也只能排到世界九十几位），毛先生又将穷人进行了谨慎定义。他将穷人分为"高品位的穷人"与"低劣性的穷人"——前者是所谓"为了干正义的事业，为了搞成大事情，为了建立大功业，一时人穷财困，那叫气节，叫风骨，叫人格"。这样的人当然不会成为文明的反面角色了——当然也不是"穷人"了。他所说的穷人是指那些个根本就没希望发财致富的人，用他的话来说就是"彻底的、永远的"穷人！他认为这样的人，原本就是"人性恶"的产品，加上又没机会接受教育，所以"无论在其品格上还是在其智格上，都稀松得很，没有什么闪光点"。他还举了《红楼梦》中的例子，说就是在贾母、贾政身上都有若干"闪光点"，而下人们的品格就"实在糟透了"。看了这位作者的高论，我们也许会产生这样的疑惑：写《红楼梦》的曹雪芹由富到穷而且一直穷到底，并不是什么"一时人穷财困"，那他是文明的反面角色呢，还是正面角色？鲁迅《一件小事》中那个人力车夫可以肯定是不会干成这位作者所谓的"大事情、大功业"的穷人了，他是不是也是文明的反面角色呢？相较之下，王小波却认为，一个人高尚道德与否，不在于这个人穷不穷，而在于这个社会怎么对待他：把他当君子尊重，他就会有君子的举动；把他当小人，他就会有小人的行径。究竟谁有道理，我想读者自有公断。

朱学勤先生在《1998：自由主义学理的言说》一文中论及王小波时，曾有这样的话："王小波的写作风格，无非从低调进入，同时还能守住必要的精神底线。若只有低调进入没有精神底线，则会向下坠入虚无主义的泥沼；若只有精神底线却从高调进入，则难免意识形态之末路……这一风格的特点，是经常翻到事物的反面去想，这一点，恰巧与自由主义怀疑论的低调风格吻合。"——我想，这也就是小波伟大之处：平凡的伟大、低调的伟大、反面去想的伟大以及守住底线的伟大。

2001/10/27

真

挃

马君武被骗

自古有"文若其人"之说，事实上当然不是这样。西施写的文章，或者根本就不美，甚至，她还可能连文章都不会写——因为现在我们并没有一本《西施文选》供我们评头品足。而东施们的文章，因为上帝的公平，倒可能写得花团锦簇，美不胜收。总而言之，在我看来，文若其人，不过是欺世之谈罢了。

话说晚唐时，作家罗隐在街头小报上经常发表见花落泪对月伤心的抒情之作，也屡屡有金刚怒目嬉笑怒骂的豪放之品。一个大官的女儿在闺中读了他的作品后，感动得一塌糊涂。一塌糊涂之余，还展开想象：能写这样锦绣文章的才子，该是怎样的柔情似水而又豪情万丈？这么文若其人地一想，就走火入魔，居然向老爸提出自己非罗郎不嫁的非分要求。大官当然不愿意了，极力劝阻女儿。可全然没用，女儿还是又哭又闹又要上吊地非嫁给罗隐不可，闹得连大官自己都想上吊啦。正焦头烂额之际，大官手下高参智囊想出妙计：干脆就把贵千金中意的那个文人叫来现现原形，让你女儿在幕后看看。大官依计而行。大官的女儿从幕后看到自己中意的文人居然是那么一副猥琐模样，兴致大跌，不仅不想嫁给他了，就连他的那些柔情似水气壮山河的诗文也不再想读了。

不过，大官的女儿虽然为文所欺，可好歹还有文在，更有写文章的罗隐在。有的人比她还惨，被文章骗了不说，甚至连写文章的主儿都是子虚乌有先生。谁这么倒霉？近代鼎鼎有名的马君武马博士。

话说广西才子马君武早年曾拜在康有为的门下，光绪二十七年

马君武

（1901），他到日本留学，跟康门弟子过从甚密。大师兄梁启超带头办《新民丛报》，马君武偶尔也写写稿，但是才子气十足，时写时不写，大家都拿他没办法。有一天，马君武突然看见《新民丛报》上发了一首诗，看得他神魂颠倒，再看看署名是广东某女子，就更是来劲了——马上跑去编辑部，要求见见这位女士。也是"康门十三太保"之一的编辑罗普告诉他："这是我的表妹写的。她就快来日本留学啦。你想认识，可以先介绍你与她通信。"一听这好消息，我们深信文若其人的马君武马大才子马上赶做"无题"诗八首，托罗普寄给表妹，顺便在《新民丛报》发表。其中最有名的一联是："憔悴花枝与柳丝，为谁鞿断远山眉。"看看这诗，你就知道我们的才子对罗表妹是何等痴情！罗普很大方地答应帮他的忙，不过，条件是他要为《新民丛报》多写稿。这有什么问题？从来诗心随痴心，马君武自然一口答应，从此勤奋万分，好诗好文是自来水龙头坏了一般源源不断。

果然是功夫不负有心人，没过几天，罗普就转来表妹的回信，其中还有诗哩。此时的马君武是欣喜若狂，立志报恩兼立功，文章更是写得黄河之水天上来，奔流到海不复回——我们今天去看那《新民丛报》，还能为他那没完没了的文思吃惊！罗表妹很守信用，见他写作这么勤奋，不但有信回复，还寄来了照片，照片上那表妹长得……你就自己去想吧，反正马君武看后是立即回赠自己照片一张和许多日本的名牌糕点。又听说表妹即将乘船来日本，马君武更是欢呼雀跃。罗普趁机讹诈："写稿不多，表妹来了不介绍给你！"马君武老老实实，写稿无数——胸中情似潮，自然笔下文若水了！他一面努力写稿，一面苦苦守候。后来忍不住去信问罗普表妹几时到，罗普随口说："已经到横滨了。"马君武连夜赶到横滨，找到罗普要人，罗普说稍缓，马君武非见不可，最后几乎要动拳头了，罗普才不得不承认："我就是表妹。你的柳丝花枝，只是镜花水月。这都是我要约你写稿，想出来的妙计。得罪，得罪，小弟该死。"马君武险些没气死过去：想想自己的心血文字、血汗银钱……不死心，又问："照片上的女子是谁？""那还能是谁？随便一个广东的名妓喽。""那……那我买的名牌糕点呢？""被几个从国内来的朋友分吃了，大家还说，这是你的'柳丝饼'和'花枝糕'呢。"马君武一气之下，从此不跟康门弟子往来，反而联合了章太炎，发起"亡国二百四十二周年纪念会"，从维新派变成了革命党，后来更加入了同盟会，任秘书长，发誓与"不仁不义"的保皇派康有为及其弟子血战到底。其实，他不该怪康门弟子戏弄他，要怪只能怪自己身为文人，居然还相信什么"文若其人"！

2005/9/9

鲁迅与钱玄同笔名之争

读过《呐喊·自序》的人都知道，鲁迅和钱玄同曾是战友。当年鲁迅正十分苦闷地在绍兴会馆里百无聊赖地抄古碑之时，是钱玄同（文中用的是"金心异"）提着"大皮夹"来劝他："我想你可以做一点文章……"于是鲁迅便答应了他，这样便有了第一篇用"鲁迅"这个笔名发表的白话小说《狂人日记》，从此就"一发不可收拾"，默默无闻的周树人终于成了赫赫有名的鲁迅！可以说钱玄同是鲁迅走上文坛并叱咤风云的"第一推动"。

可，世事无常，这一对新文化的战友后来却像交叉后的直线渐行渐远。鲁迅不改初衷，仍在荒原中号叫，向旧世界挑战——"有字皆从人着想，无时不以战为缘"！而钱玄同思想却渐趋保守，开始与胡适、周作人过往密切，不久又取名"疑古玄同"，鼓吹尊古、信古，写出了《文字学音篇》《说文部首今读》《古韵二十八音之假定》等古趣盎然的大作，成了一个"老去无端玩古董，闲来随分种胡麻"的隐士。

钱玄同

　　于是，在 1929 年 5 月，他们再度相遇时便发生了下面这样一幕。据沈尹默讲，当时钱玄同偶然去孔德学校，碰到北上省亲的鲁迅，"想到老朋友终归是老朋友，不可能从此不见面，就跨进门去，打个招呼，坐下来，正想寻个话题。恰巧看见桌上放着一张周树人三个字的名片，他马上回过头来朝着鲁迅问道：'你现在又用三个字的名片了？'鲁迅不假思索地冲口而出回答道：'我从来不用四个字的名字。'玄同主张废姓，曾经常用'疑古玄同'置名，这是众所周知的事。鲁迅出口真快，玄同的感应也不慢，登时神色仓皇，一言不发，溜之大吉"。[1]

　　一般都认为这件事不过是二人的书生意气，没什么深刻含义，不过，我倒觉得这似乎不是一件小事，表面的"三个字"与"四个字"之争，却透露出两人巨大的思想分歧和激烈的暗中交锋——否则，钱玄同不会"马上"发问，鲁迅也用不着"不假思索冲口而出"，而最后钱玄同更不必"登时神色仓皇，一言不发，溜之大吉"！

　　我们不妨略作分析：就钱玄同问鲁迅"你现在又用三个字的名片了？"而言，是带有强烈讥讽意的，意谓"你不是那个在文坛上呼风唤雨南征北战的鲁迅么？怎么现在又用起无人知晓的周树人来了？"——这当然透露出钱玄同对鲁迅在上海从事革命文艺的反感。作为旁证，是 1932 年 11 月鲁迅第二次北上省亲时，钱玄同公然对问起他鲁迅的学生宣称："我不认识一个什么姓鲁的！"从这里我们不难看出，钱玄同对周树人以"鲁迅"名义进行的文艺活动是不以为然、心怀不满的，也正因为如此，他才会在这次见面时语带讥消地问鲁迅："你现在又用三个字的名片了？"鲁迅当然也不迟钝，马上回击："我从来不用四个字的名字。"这当然也语带讥讽，意谓"我才不会像你这样如此善变，一会儿是打倒'桐城谬种'、'选学妖孽'的'王敬轩'，一会儿又是读古音研古字的'疑古玄同'"！钱玄同当然不傻，马上听出了鲁迅的弦外之音，

[1]　详见沈尹默《鲁迅生活中的一节》。

所以"登时神色仓皇，一言不发，溜之大吉"。

从这"三个字"与"四个字"的交锋中，我们可以一窥那个时代文人的爱憎分明与立场坚定——对比我们今天和稀泥和得一塌糊涂、打乱仗打得乱七八糟的文坛，真不由得感慨系之！

2001/1/15

鲁迅眼中的人力车夫

　　20世纪初，中国城市里最便捷最主要的交通工具，恐怕就是人力车了。人力车也叫黄包车，过去也有人将其称作"洋车"，因其大约兴起于日本。有说为了引人注目方便招揽生意，车身为黄色，故得名，最早出现于清末。以鲁迅的经济状况，除了节假日和家人一起出去逛公园或看电影会坐小汽车外，平时也主要以人力车为交通工具，因此，通过鲁迅与人力车夫的关系，我们或许可以洞悉鲁迅先生内心深处的那片亮色和暖意。

　　1913年2月8日，鲁迅在日记中有这样一段文字："上午赴部，车夫误蹑地上所置橡皮水管，有似巡警者及常服者三数人，突来乱击之，季世人性都如野狗，可叹！"从这寥寥数语中，我们不难读出当时的人力车夫地位低下，人身毫无保障，以及鲁迅对他们这种社会地位和悲苦遭遇的同情，而对那些肆意殴打他们的"巡警者及常服者"则是痛斥其"人性都如野狗"！当然，也不难读出他对时代的看法——"季世"（一个历史时代的末段）。

　　大概就是出于这种同情，六年之后，鲁迅就给我们写出了现在大家都知之甚熟的《一件小事》了。这篇文章大家耳熟能详："我"，一个从小就读子曰诗云，在教育部上班，能穿皮袍子有身份有地位的阔人一次坐黄包车，结果"刚近 S 门，忽而车把上带着一个人，慢慢地倒了。跌倒的是一个女人，花白头发，衣服都很破烂。伊从马路上突然向车前横截过来；车夫已经让开道，但伊的破棉背心没有上扣，微风吹着，向外展开，所以终于兜着车把。幸而车夫早有点停步，否则伊定要栽一个大斤斗，跌到头破血出了"。碰到这事，"我"的看法是"料定这老女人并没有伤"，叫车夫"没有什么的。走你的罢！"——跟现在一些碰上别人倒霉赶紧走为上的人如出一辙。可是车夫毫不理会，"却放下车子，扶那老女人慢慢起来，搀着臂膊立定"，在对方声称自己"摔坏后"，也不怀疑她敲诈自己，就往巡警分驻所走去……与更有文化有身份有地位的"我"比起来，粗人一个的车夫显然更愿意出手助人。这事的结果也还不坏，不仅"我"当时就"没有思索的从外套袋里抓出一大把铜元，交给巡警，说，'请你给他……'"而且在事后还觉得"独有这一件小事，却总是浮在我眼前，有时反更分明，教我惭愧，催我自新，并且增长我的勇气和希望"。

　　因为这篇文章收在鲁迅的小说集《呐喊》之中，所以有很多人以为这只是一篇虚构的小说。我们且不说所谓小说是"除了人名地名，什么都是真的"之类的定义，就这篇文章而言，其人名地名也未必是假的。《一件小事》中提到的民国六年即 1917 年，那一年跟鲁迅一块住在绍兴会馆的二弟周作人在其《鲁迅小说里的人物》一书中回忆：

　　据说那是在民国六年的冬天，所谓 S 门当然是北京的宣武门，这介在会馆与教育部中间，马路开阔，向北走是相当的冷的。这一件事可能是实有的，不过我不曾听他说过，在写出来之前，虽然我是在那年的春天来到北京的。……宣武门北头是大智桥口，路西有一个邮政分局，至于巡警分驻所在那一边，因为多年不到那里去，已经记不清楚了。

而鲁迅日记1917年4月1日记载有"夜二弟自越至"，可见周作人回忆自己当时跟鲁迅住在一起是可靠的，因此他判断此事"可能事实有的"也是可靠的。在周作人到京之前一年即1916年的5月17日，鲁迅日记还有这样一段："晴。……下午自部归，券夹落在车中，车夫以还，与之一元。"车夫这种拾金不昧的精神和鲁迅对此的感激与酬谢，跟《一件小事》中车夫的行为与"我"的举措也是一脉相承的。

明乎此，我们对后来周建人女儿周晔在《我的伯父鲁迅先生》中这样的记载就不会感到奇怪了——

一天黄昏，北风呼呼地怒号着，天色十分阴暗。街上的人都匆匆忙忙赶着回家。爸爸妈妈拉着我的手，到伯父家去。走到离伯父家门口不远的地方，看见一个拉黄包车的坐在地上呻吟，车子在一边扔着。

我们走过去，看见他两只手捧着自己的脚，脚上没有穿鞋，下边淌了一摊血。他听见脚步声，抬起头来，饱经风霜的脸上流露出痛苦的表情。

"怎么了？"爸爸问他。

"先生，"他那灰白的抽动着的嘴唇里发出低微的声音，"没留心，踩在碎玻璃上，玻璃片扎进脚心了。疼得厉害，回不了家啦！"

爸爸跑到伯父家里去，不一会儿，就跟伯父拿了药和纱布出来。他们把那个拉车的扶上车子，一个蹲着，一个半跪着，爸爸拿镊子给那个拉车的夹出脚里的碎玻璃片，伯父拿硼酸水给他洗干净。他们又给他敷上药，扎好绷带。

那个拉车的感激地说："我家离这儿不远，这就可以支持着回去了。两位好心的先生，我真不知道怎么谢你们！"

伯父又掏出一些钱来给他，叫他在家里休养几天，把剩下的药和绷带也给了他。

天黑了，路灯发出微弱的光。我站在伯父家门口看着他们，突然感到深深的寒意，摸摸自己的鼻尖，冷得像冰，脚和手也有些麻木了。我想，这么冷的天，那个拉车的怎么能光着脚，拉着车在路上跑呢？

伯父和爸爸回来的时候，我就问他们。伯父的回答，我现在记不清楚了，只记得他的话很深奥，不容易懂。我抬起头来，要求他给我详细地解说。这时候，我清清楚楚地看到，而且现在也清清楚楚地记得，他的脸上不再有那种慈祥的愉快的表情了，突然变得那么冰冷、那么严肃。他没有回答我的话，只把那枯瘦的手按在我的头上，半天没动，最后深深地叹了口气。

这里"伯父又掏出一些钱来给他"跟鲁迅日记里的"券夹落在车中，车夫以还，与之一元"和《一件小事》中"没有思索的从外套袋里抓出一大把铜元，交给巡警，说，'请你给他……'"显然有一种内在联系。

鲁迅与人力车夫之间还有一件不太为人知的事情。要说清这事先要讲讲鲁迅的日本友人内山完造的文章《便茶》（收入其《一个日本人的中国观》一书中）讲的一件事。内山说，在上海每到夏天，"百三十度的炎热里柏油马路被太阳烫得都起泡了，不论是飞驰的汽车、人力车、小车子乃至缓步的人的脚印，都象恶魔的爪一样，黏黏地贴在黑黑的柏油路面上了，半裸体的劳动者的身体上汗油直流，用出平生二倍三倍的气力来拉着，渴得连声音都发不出来"。出于对这些人力车夫的同情，内山"每年在街头施送便茶"。他的做法是在内山书店的门前都设立一个茶桶，"先投入一大袋的茶叶，然后渣渣地将开水倒了进去"，免费供给人力车夫和其他路人来饮用。

这事跟鲁迅有没有关系呢？当然有。查鲁迅日记，我们经常可以看到他大笔购买茶叶的记载。比如1932年6月25日："晴。午后蕴如来并代买茶叶十斤。"1934年5月24日："晴。……三弟及蕴如来，并为代买新茶三十斤，共泉四十元。"日常过日子，买茶叶顶多一斤两斤，哪有10斤、30斤地买？鲁迅都买这些茶叶做什么呢？1935年5月9日的日记透露出了答案："以茶叶一囊交内山君，为施茶之用。"所谓"施茶"乃是至今仍在浙江等地民间流行的一种善举。施茶者往往在盛夏酷暑之际，选择凉亭、路边檐下庇荫处备置茶水，免费供路人解渴消暑。浙江江山万福寺有块《茶会碑》，为乾隆二十四年（1759）当地民间集资施茶而会盟的碑记。这样，我们就明白了。原来，内山完造在自己书店前免费为车夫摆设的茶水是他跟鲁迅合作的产物，具体说来，就是鲁迅提供茶叶，内山提供地盘、开水和饮具——鲁迅对人力车夫的同情并不只局限在口头上、文章上。

有意思的是，在内山的文章中，他还提到这么一件事："在我所设置的便茶的桶底，常常发现一二个铜子。起先还总以为是孩子们淘气，抛进去的，其实是大错了。那原是为不收分文无条件地供给的便茶所拯救了的极渴的劳动者们所献，衷心之所献奉也。"内山于是感慨："这一个铜子，有时是他们被打被踢，甚至流了鲜血才换得来的。……我不能不向十万人的车夫致其感激之辞。"这种自尊自爱，不也让人很自然地联想到《一件小事》中那个负责任不苟免的人力车夫的所作所为么？

现在很多人因为鲁迅在论辩时的犀利和不留情面就断言他不是一个"厚道人"，可是我们看看他跟人力车夫的这些往来，恐怕就会对这样的认知重新思考了。

2012/3/9

鲁迅会跟"闰土"一起住么

台湾作家马森的散文集《旅者心情》中有一篇文章叫《佣人们》，文章记叙了他在墨西哥时，聘用的几个女佣的事情，生动有趣，令人莞尔。其中，他说到自己在墨西哥聘用的最后一个女佣叫宝拉，农民出身，这个佣人应该是他们最满意的了——她"工作很勤奋，态度又诚恳……早上一早就起来，我们起床的时候，客厅、厨房、浴室都已经打扫过，早饭也做好摆在桌上，这是以前佣人从来没有做过，而我们也从来没有奢望过的事"。不过，就是这样一个好女佣，后来还是给他们带来了麻烦——这麻烦就是：宝拉不仅带着自己儿子一块儿跟主人住，还把两个老大精粗的大男人（据她自己讲，是自己的父亲兄弟）也带来和主人一块儿住。而那间工人房，住宝拉跟她的儿子已经勉为其难了，再塞进两个三大五粗的男人，其拥挤可知。于是，马森不乐意了，他私下对宝拉讲："我没法收留你父亲和弟弟在这里，第一房间太小，第二，说老实话，我不习惯无缘无故跟两个陌生人在一起生活。"对此，宝拉的表示是：如果主人不收留她的家人，她就辞工不干。马森和他太太不能爱屋及乌，就只好让原来很满意的宝拉走人。

　　事情到此，一般人也就完了——好说好散嘛，也算圆满了——可马森是文人，有人文情怀，所以念兹在兹，不仅几晚上为之夜不能寐，还老是扪心自问："这样做，是不是对农民太缺乏同情心了？"更有意思的是，他还想起了鲁迅，并且假设："如果闰土到了上海，要求跟鲁迅同住，鲁迅如何解决？鲁迅也许比我伟大，接受了闰土，可是后来呢？鲁迅跟许广平女士的小日子，加上一个闰土，恐怕不易舒畅吧？"

　　这个假设的确有意思——闰土如果真的到了上海（甚至还带来家人），要和鲁迅他们一块儿住，鲁迅会怎么办？当然，这只是假设，且不说闰土本来就是一个虚构的人物（虽然据说也有原型），就是照《故乡》中的描述，那样一个见了自己过去的朋友都那么局促羞涩开口叫对方"老爷"的乡下人，怎么可能厚着脸皮，带了家小，从绍兴跑到上海去找鲁迅，还要跟他一块儿住一块儿吃喝拉撒？

　　不过，在真实的生活中，鲁迅还真的碰到过人（当然不是闰土）因为过去的交情而一直跟着他——从厦门跟到广州，从广州又跟到上海（甚至带着自己爱人）的妙事儿。这个人叫廖立峨，广东兴宁人。鲁迅1926年离开北京赴厦门大学任教时，廖就是鲁迅的学生，鲁迅应该对他印象不错——就好像马森对宝拉印象不错一样。这证据就是：据鲁迅日记记载，仅1927年1月30日至9月27日这半年多时间内，廖立峨去鲁迅处竟达38次之多。鲁迅除赠以《华盖集续编》外，还资助过他的学费。1927年1月，鲁迅离开厦门大学到广州中山大学任教，廖即随鲁迅到广州，转入中山大学外语系学习。同年，鲁迅离开广东去上海，与许广平定居于上海景云里，廖立峨又跟到了上海，而且这次还带着自己的妻子曾立珍及妻兄曾其华一同来到上海住在鲁迅的家里——据鲁迅日记1928年1月8日记载："晚立峨来，同弟住旅馆，迎其友人来寓。"廖的友人就是指其妻及妻兄。而据许广平回忆，1月8日天下大雨，鲁迅接到旅馆送来的信，得知廖立峨等人已住进旅馆，无钱付宿费，旋即与周建人一同冒雨去旅馆代付清宿费，然后便把他们接回家中住。这情形是不是跟马森先生在墨西哥遇到宝拉带家人来与他同住的情形差不多？那么，鲁迅是怎么对待这个同住的"闰土"的呢？

说来让人啼笑皆非。这三人住进鲁迅家后，不愿出去工作，整天待在家中，鲁迅不但要供他们三人食宿，还得给他们零用钱花。没有办法，鲁迅便与一书店商量好，每月出30元，让廖去书店工作，书店转手把这30元当作薪水付给廖立峨。鲁迅如此用心良苦却不得好报：廖立峨一口回绝了，理由是薪水太少，职位太低。就这么着，廖一伙一住就将近八个月。比起马森立马要宝拉开路，鲁迅的确"伟大"多了。可问题是，总不能就这么"伟大"下去吧。毕竟，鲁迅也有自己的工作生活，又不是阔佬。

那么廖立峨带着一家老小住进鲁迅家里的目的是什么呢？廖的妻子曾立珍曾对鲁迅家的邻居透露，说他们是来给鲁迅当儿子和儿媳妇的，所以"老子"得养活他们。而鲁迅他们显然没有心思收养这样的儿子跟儿媳妇。廖立峨看出这点后，就准备返回广东了。临行前，他要求鲁迅给自己1000元，理由是他来上海是变卖了田地出来的，现在要回去，鲁迅就有责任出钱替他把变卖的田产赎回来。鲁迅这次再没办法"伟大"了，就拒绝了他。于是，我们就在鲁迅1928年8月24日的日记中看到这样的记载："立峨回去，索去泉一百二十，并攫去衣被什器十余事。"而在《三闲集》序言中，鲁迅还曾提及："有一个从广东自云避祸逃来，而寄住在我的寓里的廖君，也终于怏怏地对我说道：'我的朋友都看不起我，不和我来往了，说我和这样的人（指鲁迅）住在一处。'"换言之，廖立峨认为自己因为和鲁迅在一起，付出了众叛亲离的惨重代价。1930年3月13日鲁迅又收到廖立峨的信，信中说："原来你还没有倒掉，那么，再来帮助我吧。"鲁迅这下再没有予以理会。

从鲁迅与生活中真实的"闰土"廖立峨的交往来看，马森在《佣人们》中的假设是相当准确的。首先，鲁迅比较"伟大"，会接受这个"闰土"及其家人跟他们一块儿住，并且一住就是八个月；但是，到底"鲁迅跟许广平女士的小日子，加上一个闰土，恐怕不易舒畅吧"，所以最后只得分手——分手之际，对方还口出怨言。

毕竟"相见好，相处难"。

2010/5/14

"我听别人说的"

在大街上听人吵嘴，会发现这么一个模式：张三揪住李四是因为听别人说李四在背后说了自己一通什么坏话；而李四呢，坚决否定自己说过这样的话，要张三拿出证据，否则就是造谣诬陷——张三自然拿不出证据：谁愿意做恶人为他出面作证呀？于是，二人就只好在街上大骂出口甚至大打出手。其实，这种吵架模式也不限于市井小人，就是一些文坛大佬，在发生论争时，也会出现这种情况。不过，他们在碰到这种需要第三者出面作证的骂局时，一般会采取三种态度。

第一种是章太炎式，就是骂了你，也不出示什么证据，反正骂你骂定了——有证据要骂，没有证据一样骂。

1902 年，革命党办的《苏报》被查，他们事先得到消息，于是蔡元培避青岛，后转欧洲；吴稚晖则远走英伦；章太炎不听劝告，坚持坐镇爱国学社，最后被捕。他在狱中招邹容前来一同抗辩，邹毅然主动入狱，因体弱，瘐死狱中。章、邹对革命言行供认不讳。三年后，章氏出狱，到了 1907 年 3 月，他写了一篇《邹容传》，文中认定他们这次入狱，乃蒙同志吴稚晖所赐。他是这么说的：

> 爱国学社教员吴眺（稚晖）故依康有为，有为败，乃自匿，入盛宣怀之门。后在日本，于清公使蔡钧不协，逐归，愤发言革命排满事。而爱国学社多眺弟子，颇自发舒，陵铄新社生如奴隶。余与社长元培议，欲裁抑之。元培畏眺，不敢发——会清政府遣江苏候补道俞明震穷治爱国学社倡言革命者，明震故爱眺，召眺往，出总督札曰："余奉命治公等，公与余昵，余不忍，愿条数人姓名以告，令余得复命制府。"眺即出《革命军》及《驳康有为论革命书》上之曰："为首逆者，此二人也。"遽归，告其徒曰："天去其疾矣，尔曹静待之。"

这说得是有理有据，有鼻子有眼——不过，我们旁人读来，这章太炎认定是吴稚晖出卖了自己，证据显然只能来自第三者，因为他不可能跟吴稚晖一块儿去见俞明震，吴稚晖更不可能当着章太炎的面出卖章太炎与邹容。这下，在巴黎的吴稚晖不干了。他认为这是章太炎借纪念邹容为名，颠倒黑白，发泄对他的私怨。于是他给章太炎写信，说当初与俞明震见面一事，本是自己探监时亲口告诉太炎，而太炎"以恒旧名，叙述恒与俞君相晤事"，与事实不符，要求太炎"将出诸何人之口，入于君耳，明白见告，恒即向其人交涉。如为想当然，亦请见复说明为想当然，则思想自由，我辈所提倡，恒固不欲侵犯君之人权，恒即置之一笑。倘不能指出何人所口述，又不肯说明为想当然语，则奴隶可贵之笔墨，报复私人之恩怨，想高明如君，必不屑也见"（《章太炎政论文选》）。也就是要章太炎拿出证据来：你是听谁说的我出卖了你？拿不出证据，你就是在造谣"报复私人恩怨"！章太炎呢，当然拿不出证据，可他不愿就此认输，反而更加理直气壮地骂将回去：

> 足下既作此鬼蜮事，自问素心，应亦惭惶无地，计穷词屈，乃复效

讼棍行径，以为造膝密谈，非人所晓，汹汹然驰书诘问。足下虽诘问，仆岂无以答足下哉？适扬之使愈彰明耳。是非曲直，公道在人，无则言无，有则言有。仆于康、梁诸立宪党，诋淇未尝过甚。今于无政府党如足下者，摘发奸回，如彼其至。盖主义之是非，与心术之是非，二者不可同论。且以败群之羊，不可不摈，普天同志，犹未分明，故不得不明著表旗以示天下，岂以个人之私怨而诬足下哉！

上面的意思是：你这家伙心术不正，什么坏事不能干？骂你是为了维护公道，辨明是非，摈除"败群之羊"，有何不宜？要何证据？总而言之，是骂定了！接着，他还狠挖吴稚晖的"反革命根源"：

呜呼！外作疏狂，内贪名势，始求权籍，终慕虚荣者，非足下乎？……为蔡钧所引渡，欲诈为自杀以就名，不投大壑而投阳沟，面目上露，犹欲以杀身成仁欺观听者，非足下之成事乎？从康长素讲变法不成，进而讲革命；从某某某讲革命不成，进而讲无政府。所向虽益高，而足下之精神点污，虽强水不可浣涤。仆谓足下当曳尾涂中，龟鳖同乐，而复窃据虚名，高言改革，惧丑声之外扬，则作无赖口吻以自抵谰。引水自照，当亦知面目之可羞矣。

这次的意思是：从历史上看，你就是个贪生怕死、有奶便是娘的王八蛋，说你出卖同事，是一点都不冤枉你！吴氏看到这封公开信，当然更是生气，就又作书一通反诘，章氏于同年七月再答，也是这么不管三七二十一地骂将过去，结果——用鲁迅的话来说，就是"笔战愈来愈凶，终至夹着毒訾"，最后竟至于用到"善箝而口，勿令砥痏，善补而绔，勿令后穿"之类语言，跟市民吵架，毫无区别。

第二种方式，是周作人方式：我引别人的话来骂了你，你要我拿出证据，可那个"别人"不愿为我出面作证，我也只好含糊其词，不了了之。

20世纪20年代的"北京女子师范大学风潮"中，陈源（西滢）在《现代评论》上发表文章，说什么"北师大风潮……有某籍某系（"某籍某系"暗指绍兴"籍"北大中文"系"）的人在暗中鼓动"，被他暗示鼓动风潮的周作人很不高兴，正好碰到陈源的好友徐志摩在1926年1月的《晨报副刊》上发表《"闲话"引出来的"闲话"》中吹捧陈源："分明是私淑法朗士的，……对女性的态度，那是太忠贞了。"周作人一看：气不打一处出——因为刚刚从陈源的朋友张凤举那里听说，陈源曾对张讲过"现在的女学生都可以叫局"这样的下流的话。于是周作人就写了一篇《闲话的闲话之闲话》投寄《晨报副刊》，文中有云："我知道北京有两位新文化新文学的名人名教授——扬言于众曰'现在的女学生都可以叫局'。这两位名人是谁，这里也不必说，反正总是学者绅士罢了。其实这种人也还多，并不止这两位。我虽不是绅士，却觉得多讲他们的龌龊的言行也有污纸笔，不想说出来了。总之许多所谓绅士压根儿就没有一点人气，还亏他们恬然自居于正人之列。容我讲一句粗野话，即使这些东西是我的娘舅，我也不说他是一个人。"虽然没有点名，可陈源一看，就知道他在骂自己，于是立即写信给周作人，说周在本来就是骂他的文章中提起那句流言，显然是在暗示这话出于他口，因此质问："一、我是不是在先生所说的两位人里面？二、如果有我在内，我在什么地方，对了谁扬言了来？"并且说："先生兄弟两位捏造的事实，传布的'流言'，本来已经说不胜说，多一个少一个也不要紧。"周作人当然没办法叫张凤举做恶人给自己作证，只好虚晃一枪："先生在不在那两位名人里边，只请先生自省一下，记得说过那句话没有，就自然知道。"不了了之。

第三种，是鲁迅方式：那就是你引别人的话来骂我（我也知道那"别人"是谁），可我不要你供出那个别人来（因为我知道你不会供，就是供了，那人也不一定会承认），我只是不留情面地骂你，同时一有机会，我就毫不客气地骂那我心知肚明的"别人"。

还是在"女师大事件"中，陈源（西滢），为了攻击鲁迅，就将自己从顾颉刚那里听来的"鲁迅《中国小说史略》是'抄袭'了日本人盐谷温的《支那文学概论讲话》"这一看法（参见顾潮《历劫终叫志不灰——我的父亲顾颉刚》）在报上公开：

> 他（指鲁迅）常常挖苦人家抄袭。有一个学生抄了沫若几句诗，他老先生骂到刻骨镂心的痛快，可他自己的《中国小说史略》，却是根据日本人盐谷温的《支那文学概论讲话》里面的"小说"一部分。拿人家的著述做你自己的蓝本，本可以原谅，只要你在书中有那样的声明，可鲁迅先生就没有那样的声明。在我们看来，你自己做了不正当的事情也就罢了，何苦再去挖苦一个可怜的学生，可是他还尽量把人家刻薄。"窃钩者诛，窃国者为诸侯"，本来是自古已有的道理。（见1926年1月30日《晨报副刊·致志摩》）

鲁迅没办法叫陈源供出这流言的始作俑者，于是鲁迅一方面把陈源骂了个狗血淋头：

> 当一九二六年时，陈源即西滢教授，曾在北京公开对于我的人身攻击，说我的这一部著作，是窃取盐谷温教授的《支那文学概论讲话》里面的"小说"一部分的；《闲话》里的所谓"整大本的剽窃"，指的也是我。现在盐谷教授的书早有中译，我的也有了日译，两国的读者，有目共见，有谁指出我的"剽窃"来呢？呜呼，"男盗女娼"，是人间大可耻事，我负了十年"剽窃"的恶名，现在总算可以卸下，并且将"谎狗"的旗子，回敬自称"正人君子"的陈源教授，倘他无法洗刷，就只好插着生活，一直带进坟墓里去了。（见《且介亭杂文二集》的"后记"）

另一方面，鲁迅也对背后散布流言，并且不肯承认的顾颉刚施以其是激烈的人身攻击。比如在历史小说中《理水》中，他就塑造了这么一个很可笑的"鸟头先生"来影射讥讽顾颉刚："'这这些些都是废话。'又一个学者吃吃地说，立刻把鼻尖涨得通红。'你们受了谣言的骗的，其实并没有所谓禹，"禹"是一条虫，虫虫会治水吗？'"为什么这样攻击呢？原因就是顾颉刚长了一个红红的酒糟鼻。同时，还由于顾颉刚曾根据文字学将"禹"解为"蜥蜴"，从而得出"夏禹是一条虫"的结论；而鲁迅以其人之道还治其人之身地根据文字学将"顾（繁体字为"顧"）"字解为"雇"（本义为"鸟"）与"页"（本义为"头"）。所以，不少人说鲁迅这是在利用小说进行"人身攻击"——因为这让人想起《水浒》中的骂人话"鸟人"！而在鲁迅的私人通信里，则直接将顾颉刚称为"鼻公"、"鼻"、或"红鼻"。比如在 1927 年 5 月 15 日致章廷谦的信中，鲁迅就写道："傅斯年我初见，先前竟想不到是这样的人，当红鼻到此时，我便走了；而傅大写其信给我，说他已有补救法，即使鼻赴京买书，不在校……"再比如同年 8 月 17 日鲁迅致章廷谦的信中又有："遥想一月以前，一个獐头鼠目而赤鼻之'学者'，奔波于'西子湖'而发挥咱们之'不好'，一面又想起起诉之'无聊之极思'来。湖光山色，辜负已尽，念及辄为失笑。禹是虫，故无其人；而据我最近之研究：迅盖禽也，亦无其人，鼻当可以自慰欤？……近偶见《古史辨》，惊悉上面乃有自序一百多版。查汉朝钦犯司马迁，因割掉卵子而发牢骚，附之于偌大之《史记》之后，文尚甚短，今该学者不过鼻子红而已矣，而乃浩浩洋洋至此，殆真所谓文豪也哉，禹而尚在，也只能忍气吞声，自认为并无其人而已。"

要之，这种"我听别人说的"而吵架的模式，哪怕就是名人，也只能吵个一塌糊涂——因为没有直接证据。所以，还是胡适那句话说得对"有一分证据说一分话，有十分证据说十分话"。如果这样，文坛上就不会有这么多莫名其妙的恩恩怨怨了。

2005/1/30

阿Q画圈

读过《阿Q正传》的人都知道这么一个情节：阿Q在被作为盗贼给捉起来后，给乱问一通判了死罪。在这份判词上，判官要他签字，我们的阿Q不识字，很是惭愧，觉得自己对不起法官老爷的美意。于是法官又要他画押——画个圈。阿Q便认真地握着笔，把这作为自己平生最伟大的事业来进行，竭力想把这圈画圆画好。可，他到底没和笔亲近过，所以努力再三，最后还是把这圆给画成了瓜子形。阿Q对此遗憾不已。

对这个细节，无论是我以前看教科书，还是听老师讲，都千篇一律众口一词地认为这个细节体现了阿Q那至死不悟的精神胜利法，是阿Q愚昧、可笑、可怜的集中体现。想想也是：都快要被杀头了，还为自己画圈画得圆不圆而费心用力——你把这圈画得再好再美再圆，别人就不杀你了么？真是个蠢东西！于是，我自己做了老师后也鹦鹉学舌地这么对学生吹拉弹唱。

可慢慢地，心中对此成说也有了一丝怀疑。我们看许多小说和电影中写到革命烈士就义前，总会很认真地整理一下自己的仪表仪容什么的。比如电影《在烈火中永生》中，江姐在就义之前，就非常细致地整理自己的衣服和头发。对此，人们的解释是：这体现了革命者临死都追求美好的高贵精神品质。于是，我不禁想：江姐临死前想把衣服弄好一点头发搞整齐一些，这和阿Q临死前想把圈画圆一点画美一点有什么区别？难道就因为前者是革命者，所以那么做就是追求美好；而后者是草民（其实，阿Q也是革命者），所以就是可笑可怜？这是不是有点势利眼？难道美好就只有烈士可以追求，草民就不可向迩？

其实，也有人不这样看。作家刘齐在他的文章《看蹦极》中，就给我们描绘了这么一个情节。他说他有一次到西南一处大山里看蹦极时，看到一个小伙子从跳台上唰地跳下，"就在人们赞叹不已的时候，小伙子的白上衣突然从裤腰里挣脱出来，浅褐色的肚子曝了光。他立刻狼狈起来，已然顾不得造型，一手慌慌张张地去捂肚脐，另一手急急忙忙地去掖衣角，却掖不大好，掖一回，掉一回，疾风中的衣衫成了倒卷帘"。这情形不也与阿Q临死了，还想把自己圈画圆一样么？于是下面的"观众"哄笑起来，但"小伙子不屈不挠，努力把衣角往裤子里掖，仿佛在做一件重大的事业，飘荡几个来回之后，到底把服装整理妥帖，心安理得地降落下来，赢得掌声一片"。有趣的是作者对此的评价："我一下喜欢上了这个小伙子。商业社会物欲横流，百无禁忌。但仍然有人看重尊严和羞耻，哪怕在惊险万状的半空中，在生命没有着落的刹那间。想想心里真高兴，觉得生活的希望非常之大。"对"小伙子"我们可以这样评价，对阿Q，我们就不能这么评价了么？

王元化是我佩服的一位学者，我在他《九十年代日记》中看到了这么一段：

我曾向人提到过阿Q身上固然有许多劣根性，但他性格中也具有一些质朴的成分，和劣根性夹杂在一起。当他被枪毙的时候，他的冥顽无知，糊涂愚蠢，不禁使人产生一种在悲哀中混合着愤怒的感情。但当法官责令他在判决书上画押的时候，他很想把圈画圆，可手一抖画成了瓜子形了，为此他感到了遗憾。我每逢读《读阿Q正传》读到此处时，都改变了自己对他只是谴责的态度，因为人类渴仰完全的潜能并未在他身上泯灭，不管它是多么微弱，也不管它含蕴在多么可笑甚至是愚蠢的形式之中。可是这种萌于人性的美德在许多现代人身上找不到了。这才是最大的悲哀。

能从可笑中看出崇高来，我想，这才是一个真正的批评家应该具备的慧眼。

于是，我又不禁想到：鲁迅的文章——尤其是小说——我们都有很多的诠释与讲解，但是不是意味着我们已真正把它的内涵外延搞清了呢？

莎士比亚是说不尽的，鲁迅也是说不尽的。

2002/5/18

吴宓之"笨"

　　据说，年轻时的钱锺书在评价清华大学外文系教授时，有这样的言辞："叶公超太懒，吴宓太笨，陈福田太俗。"其他二位且不言，吴宓之"笨"似乎值得书写一二。

　　"笨"的含义当然很多，而其中"固守自己观念，不知变通"应该是其中之一。就此而言，这个对自己喜欢的人——无论是现实中的，还是艺术中的——一往情深不知变通的吴宓教授是真"笨"。对他这种"笨"，杨绛先生在《吴宓先生与钱锺书》（《人民日报》1998年5月14日）一文中是用"老实"来加以描绘的。杨先生写道：

　　但是我对吴宓先生崇敬的同时，觉得他是一位最可欺的老师。我听到同学说他"'傻'得可爱"，我只觉得他老实得可怜。当时吴先生刚出版了他的《诗集》，同班同学借口研究典故，追问每一首诗的本事。有的他乐意说，有的不愿说。可是他像个不设防的城市，一攻就倒，问什么，说什么，连他意中人的小名儿都说出来。吴宓先生有个滑稽的表情。他自觉失言，就像顽童自知干了坏事那样，惶恐地伸伸舌头。他意中人的小名并不雅驯，她本人一定是不愿意别人知道的。吴先生说了出来，立即惶恐地伸伸舌头。我代吴先生不安，也代同班同学感到惭愧。作弄一个痴情的老实人是不应该的，尤其他是一位可敬的老师。吴宓先生成了众口谈笑的话柄——他早已是众口谈笑的话柄。他老是受利用，被剥削，上当受骗。吴先生又不是糊涂人，当然能看到世道人心和他的理想并不一致。可是他只感慨而已，他还是坚持自己一贯的为人。

说到吴宓对自己中意的人的一往情深的固执，作为例子的当然首先是他对现实中毛彦文女士不屈不挠的追求。毛女士单身时，他追求；遭到对方拒绝后，他追求；对方跟别人结婚了，他还追求；别人老公死了，他更追求；被别人把情书退回来了，他照样追求……

他追求不说，还把他自己这执着这不知变通的死缠烂打写成诗昭告天下——其诗云："吴宓苦爱毛彦文，三洲人士共惊闻。离婚不畏圣贤讥，金钱名誉何足云。"搞得同事金岳霖都觉得这过分了，出面劝他："你的诗如何我们不懂。但是其内容是你的爱情，并涉及毛彦文……私事情是不应该在报纸上宣传的。我们天天早晨上厕所，可是，我们并不为此而宣传。"结果。吴宓大怒："我的爱情不是上厕所！"金岳霖也只好承认自己比喻不当，把人家惊天地泣鬼神的"爱情"比喻成上厕所，是有点佛头着粪，不伦不类。

吴宓这种对意中人执迷不悟的"笨"不仅表现在现实生活中，还洋溢到了艺术世界，那就是：如果是他所中意的艺术形象，你就不能乱动乱说，否则他跟你没完。

要说吴宓中意的艺术人物，那非《红楼梦》中的林黛玉莫属。在吴宓的《论红楼梦》中，他对林妹妹那是推崇备至，也因此，他将自己所深爱的女子（如毛彦文、张尔琼）统统比作林妹妹。至于他自己，则当然是"怡红公子"，或者紫鹃——理由是紫鹃对林黛玉的爱护最纯粹。

吴宓曾在《武汉日报》发表过《论紫鹃》一文，吴宓在文中对紫鹃忠诚、善良、执着的品格褒扬备至。文章的尾句是："欲知宓者，请视紫鹃。"在吴宓看来，林黛玉是中国女性中最美好的人物，能够像紫鹃那样无限忠诚和深情地服侍和维护黛玉，是他的最高理想。

吴宓

因此之故，凡是有人动了他的林妹妹或者说了什么有损林妹妹光荣形象的话，那你就等着他对你暴跳如雷甚至大打出手吧。

有这样一个故事：抗战期间，昆明文林街上有一个湖南人开了一家牛肉馆。老板虽然是卖牛肉的，可也一样追求高雅，就把牛肉馆命名为"潇湘馆"——这也不能说没一点理由。人家是湖南人，自然跟"潇湘"二字有关，"馆"当然就是指牛肉"馆"了，意思不过是"这是俺这湖南人开的牛肉馆"。可是，因为"潇湘馆"是《红楼梦》中林黛玉的香巢，见到这家粗俗不堪的牛肉馆居然将林妹妹的香巢据为己有，吴宓勃然大怒，于是趁一次上街的机会找上门去，用他的手杖将牛肉馆里的锅碗瓢盆坛坛罐罐一阵猛砸，停手之后，还恨犹未释地叫牛肉馆老板将"潇湘馆"的招牌取下——"你也配？！"岂知老板也是牛脾气，坚持不改，双方争执不下，后来有人出面调解，将"潇湘馆"改作"潇湘"才了事。

还有一个有关林妹妹的故事出现在《吴宓日记》中（应该更靠谱）。1943年12月23日《吴宓日记》载：

兴华晚饭，遇许宝騄同座。騄言，其兄驹索阅宓所为《红楼梦》著作。知驹现任立法委员，极清闲舒适。驹所为《石头记》索隐，皆细碎之观察与发现。如谓黛玉葬花，乃葬其与宝玉私生婴儿云云。宓闻之大惊。夫以驹之亵渎黛玉者如此，可见其人重肉欲而轻道德，卑下而恶狠。则其昔年离间宓而与彦狎邪暧昧，始乱终弃，甘为恶魔，今已情见乎词，不容疑矣。闻之懔然，更为彦及宓悲痛。

得解释一下，这许宝騄和许宝驹是两兄弟，是俞平伯夫人许宝驯的两个兄弟。许宝騄是吴宓的同事，时任西南联大数学系教授。许宝驹，字昂若，北大国学系毕业，热衷政治活动，闲暇时也谈红学，与王昆仑共同组建过"小民革"，年轻时候他也追求过吴宓的意中人毛彦文。现在，这个现实生活中的老情敌居然在自己面前污蔑自己艺术世界中的情人林妹妹"葬花"不是葬花，而是"葬其与宝玉私生婴儿"，吴宓心情可想而知；再联想起他跟自己争毛彦文的往事，难怪这"笨"得执着的吴宓在日记中大骂对方了！

其实，晚清之后"林黛玉"早被人糟蹋得不成样子。晚清一部小说叫《九尾狐》，此书以清末社会为背景，描写了沪上名妓胡宝玉由盛而衰的经历，刻画了胡宝玉这一贪财好淫、狐媚狡诈的妓女形象，这个胡宝玉因长得风流俊俏，又善狐媚，为上海富商杨四娶为小妾。从良之后，虽蒙宠爱，但淫心难抑，妍识戏子黄月山，向杨四求去，重操旧业。此后，她又先后妍上戏子杨月楼、十三旦，以满足淫欲，甚至为尝外国的"风味"，一改打扮，头上改梳前刘海，学起外国话，向外国大班卖淫。作者通过胡宝玉的经历和交游，展现出晚清社会的众生相和风俗图。很显然，在作者笔下的胡宝玉，是一个不折不扣的反面形象，而她初做妓女时，就取名林黛玉！

小说如此，现实也好不了哪儿去。晚清时，上海有个妓女就叫林黛玉，她原名陆金宝，小字颦卿——想来也是从贾宝玉为林黛玉取的表字

"颦颦"而来——8 岁为童养媳，10 岁左右跟随婆母到上海为佣，受朱姓女仆引诱逃离，从师学艺一年后，鬻为妓，艺名小金铃，后更名林黛玉。其善于应酬谈论，妙语诙谐，风流放诞，且歌唱颇有功底，昆曲、梆子戏、毛儿戏 [1] 都很在行，先后在上海群仙茶园、丹桂园、汉口怡园唱戏，亦优亦娼，在伶界活动时间最长。1897 年上海《游戏报》将其与长三 [2] 名妓陆兰芬、金小宝、张书玉合称为"花界四大金刚"。1898 年花界参加发起募捐建造"群芳义冢"。曾先后被南汇县令汪蘅舫、南洵巨富邱某、上海颜料大王薛宝润纳为妾，一生嫁人下堂 17 次，晚年人称"老林黛玉"。1920 年冬与人合资开妓院，翌年病倒而逝。

不知吴宓对如此糟蹋他心中偶像的小说人物和真实人物，该有如何激烈的反应？也许，以他的"笨"，真会拿刀宰了人家！

还值得一提的是，吴宓一生为毛彦文写的日记情诗连篇累帙，可毛彦文在自己晚年写的回忆录《往事》中提到吴宓不过寥寥数行——即此也不难看出吴宓之"笨"！

2011/9/1

---

[1] 同治年间出现的京剧表演团体，全以幼女或少女担任角色，取价低廉。男女同台合演京剧后渐渐消失。

[2] 上海高等妓院，出现于同治年间，因客人每次进门喝茶三元大洋，侑酒三元，留宿亦须三元得名。

假如沈从文做了小偷

　　文人落魄了——找不到工作卖不出文章怎么办？似乎，从古至今，人们为这些"袋中无钱心头多恨"的不幸者支的招多是去做小偷。

　　1924 年左右，湘西青年沈从文来到北京闯荡世界，结果能够投靠的亲戚世交都不愿意理睬他，写的文章呢，也一投出去就如石沉大海——据说当时还有一个大名鼎鼎的编辑拿着沈从文寄来的一大叠稿子向同事嘲弄，然后当众塞到废纸篓里去。绝望中的沈从文只好写信向当时已经成名的几位大作家恳求帮助，其中一个便是正在北京的郁达夫。郁达夫在一个隆冬的雪天，到沈从文借居的小公寓里去看望他，回去后就连夜赶写了一篇《给一位文学青年的公开状》。在文章中，郁达夫为这走投无路的文学青年指出了几条"出路"，其中压轴的就是建议他做小偷——"无论什么人的无论什么东西，只教你偷得着，尽管偷吧。"理由是："因为他的那些堆积在那里的财富不过是方法手段不同罢了，实际上也是和你一样的偷来抢来的。"末了，还为他设计出下海方案，就从自己亲近的熟人开始——甚至可以从他郁达夫这里开始，还这么细致

沈从文

地为对方安排下海路线："我晚上卧房的门常是不关的，进出很方便。不过，有一件缺点，就是我这里没有什么值钱的物事。但我有几本旧书，却很可以卖几个钱。你若来时，最好预先通知我一下，我多服一剂催眠药，早些睡下，因为近来身体不好，晚上老要失眠，怕与你的行动不便。"这篇文章当然有点嬉皮笑脸，"一点正经没有"。

可是，假如沈从文真听了郁达夫的教诲，去做了小偷，结果会怎样？

一个是浪漫的结果。文人毕竟是文人，就是做了小偷也文质彬彬文采焕然。据说，有一个落魄文人，饿得受不了，就遵照郁达夫的教导去做了小偷。可小偷是门技术活，刚下海做，难免出娄子。当他爬上房时，一不小心，就踩翻了一片瓦，于是，屋里主人就发问了："谁？！"要是一般的小偷碰到这等倒霉事，唯一的选择就是溜之大吉。可我们这位文人小偷不一样，人家一声"谁"没把他胆吓破，倒把他诗意吓出来了，他就趴在房梁上吟诗一首："闻道先生富有余，今宵冒昧造华居。即言囊中无财物，不要君家万卷书。只为贫寒衣食苦，岂因口腹酒樽虚？文章自苦难供饱，犹是西江涸辙鱼。"看，这诗写得多么得委婉细致，曲尽落魄文人不得已做梁上君子的心绪。我见犹怜，何况诸君？恰好，被他偷的也是一个读书人（这可以从诗中"不要君家万卷书"一句看出）——这倒有点像沈从文去偷郁达夫。所以，房主人不仅没有起来捉贼，还躺在床上回赠了他这么一首诗："细雨濛濛夜色昏，累君玉趾到寒门。案头尚有书千卷，囊内绝无银半根。好好莫惊黄犬吠，徐徐休损绿苔痕。更深不及披衣起，心送高踪到别村。"真是雅得一塌糊涂！不过，谁都知道，这只可能是个浪漫故事，真正发生的不会是这样。那，会是那样呢？

那就是鲁迅在《孔乙己》中为我们记载的故事了。文人孔乙己落魄饿得受不了，下海做了贼，结果："他总仍旧是偷。这一回，是自己发昏，竟偷到丁举人家里去了。他家的东西，偷得的么？""后来怎么样？""怎么样？先写服辩，后来是打，打了大半夜，再打折了腿。""后来呢？""后来打折了腿了。""打折了怎样呢？""怎样？……谁晓得？许是死了。"

聂绀弩有首题为《孔乙己》的诗是这么写的："我原天下读书人，大患人生在有身。虽半秀才苦难得，第三妙手饿频伸。浑身瘦骨终残骨，满面伤痕杂泪痕。酒债今生还不了，咸亨粉板十余文。"写尽文人做小偷的艰辛。

2005/7/14

林汉达：博士的故事

据说，现在博士很是值钱，不仅到大学去教书要博士，就是现在许多省部级干部也是博士或者正在读博士。博士博士，不是博雅之士、博学之士么？听着就让人来劲。就一般人，哪怕他是足不出户的山村野老或者目不识丁的市井文盲，也是希望自己被别人视为博雅之士或博学之人的吧？故此，也就不难明白为什么现代人对博士这名号，有条件要弄一个，没有条件创造条件也要弄一个。

其实，在古代，这博士就是响当当硬邦邦的名号，有了它，甚至连那些打家劫舍的强盗都会对你退避三舍客气两分。《唐诗纪事》就曾记录过这么一件趣事，说是曾做过太学博士的诗人李涉有一次去九江，夜里经过一处码头时，碰到了强盗。强盗在动手抢劫时先问他们是干什么的。李涉的随从告诉他们："是李博士！"一听是博士，强盗头目马上转变态度——"若是李涉博士，不用剽夺，久闻诗名，愿题一篇足矣。"李涉跟强盗比武艺不行，可要写诗，那还不张口就来的事儿？于是口占一绝："暮雨潇潇江上村，绿林豪客夜知闻。他时不用逃名姓，世上如今半是君。"强盗头子听了这首恭维他们星星之火已经燎原的诗，高兴万分，不仅没有剥李涉他们的猪仔，还送了他不少礼物，表示自己尊重知识尊重人才！看看，就这么一个博士头衔，就能化险为夷转危为安。

到了现代，博士同样是一个四处通吃的头衔。20世纪30年代，以提倡幽默而闻名天下的林语堂博士受开明老板章锡琛委托，编了一本中学英语课本《开明英文读本》。此书因系名家所编，又是顶尖画家丰子恺配插图，所以一出版就叫好不绝，销量一路攀升，乐得章老板喜笑颜开不知今夕何夕。见开明书店如此大赚特赚，旁边的世界书局不禁眼红，也找了一个刚从大学毕业的后生小子林汉达来照猫画虎，编了一本《标准英语读本》，希望分一杯羹。语堂博士一看这不知从哪里冒出的"虎"，大怒，认为其内容基本上是抄袭自己的《开明英文读本》。这还了得？于是，一场官司轰轰烈烈地打了起来。官司还在法院打，林博士就私下走通了教育部，教育部长蒋梦麟一锤定音：《标准英语读本》确有抄袭冒效《开明英文读本》之处，不予审定，禁止发行。开明书店在南京的线人一接到蒋梦麟的亲笔批词，立即将其送往上海。此时，距世界书局诉开明书店诽谤案终审判决，只有三天了。章锡琛拿到教育部批词，高兴得手都在发抖。关键时刻，章老板显示出了他的"智慧"。他没有将这份重要证据送往租界法院，而是连夜将批语制成锌版，原文刊登于上海各大报的头版。租界法院本已拟好判词，判定开明书店诬陷他人，重罚兼追究刑事责任，突然看到报纸冒出这么一个批语，大吃一惊，手忙脚乱，只好修改判决，避重就轻道：开明书店的广告确有侮辱林汉达之处，罚款30大洋。这无异于开明书店的胜利。开明得理不饶人，穷追猛打，索性在全国各地报纸上都刊登大幅广告"开明英文读本何故被人抄袭冒效"。各中学一看教育部有明文，立即找世界书局退书赔款，世界书局因此大败。林汉达对教育部批文不服，亲自跑到南京去申诉，结果却被教育部次长朱经农一顿奚落——"人家是博士！你呢？一个大学毕业生竟敢顶撞林博士？就算你的书没抄袭，林博士说抄了，就是抄了！"看看，博士在这里是何等的举足轻重！受了这等刺激，林汉达不日即远赴大洋彼岸，声言拿个美国博士，再回来跟林语堂算账。可惜这个愿望最终没能实现。待得林汉达博士学成归国，林语堂博士早已移居美利坚，《吾国与吾民》也已经在美国畅销书榜上停留了50多周。

也许，就是这些博士故事的刺激，才会出现今日许多人都想方设法弄顶博士帽戴戴的潮流吧？

不过，李涉这博士可是货真价实的——那可是正五品上阶的国子博士哪，学识渊博，诗文出众。语堂博士更是著作等身，名扬中外。今天的某些博士，也能在紧要关头口占一首让人心服口服的诗或是写出让中外皆为之叹服的《吾国与吾民》乎？

说到底，博士只是知识的表征，而不是知识是博士的表征。

2005/9/21

1953年，林汉达与夫人谢立林在家中写作

直截了当

中国人说话一般不喜欢直截了当——尤其是骂人的话，总要说得回环婉转，让对方回味再三才能品出个中三昧。为什么会这样呢？很简单，你要直截了当给别人难堪的话，难免作用力等于反作用力，对方也夹头盖脑直截了当地给你一通难堪——骂人谁不会呀？凭什么你能骂我不能骂？所以，为了避免自己不被对方直截了当地羞辱，中国人一般不会对别人大骂出口。

不过，也有人不在乎——我就直截了当骂你了，你能怎么样？你想跟我对骂么？对不起，你分量不足，骂不过我，跟我对骂，得不偿失！这样的牛人不多，所以值得我们为他们"树碑立传"。

1918 年农历五月初五端阳节，牛人章太炎去湖北恩施观看北岸屈原庙内外民众过端午的热闹。此时的恩施，正是湖北靖国军第一军总司令唐克明的地盘。1917 年，张勋复辟帝制，靖国军第一军由唐克明率领，转战到恩施。当时的恩施，由于长期封闭，经济落后，土豪劣绅横行霸道，百姓生活苦不堪言。靖国军的到来，使土豪劣绅受到一些打击，加之军队参与贩卖布匹、食盐、百货，民众生活和交通状况有所改善。唐克明还在政治上采取措施，实行军地分治，受到孙中山大总统的亲函嘉勉。唐克明因此沾沾自喜，自我陶醉，对下属的各自为政、互相倾轧等劣迹视而不见，每天歌舞升平，安于过小朝廷的日子。章太炎何许人也？没问题还鸡蛋挑骨头呢，见此情形当然是对唐克明评头品足多有指教。这姓唐的刚受了孙大总统表扬，正不可一世，哪里听得进这逆耳之言？于是跳脚大骂，还要将章太炎枪毙。章太炎哪是省油的灯？马上亮出底牌："你算什么东西？就是袁世凯也不敢动俺一根毫毛！恩施这小小阴沟还翻得了船吗？"唐克明暴跳如雷，拔枪相向。幸好属下知道这章疯子来头，拦住唐克明，这才让章太炎有惊无险。此时，太炎心中对唐武夫之恨，那是如长江水滔滔不绝，怎么才能把它发泄出来又不至于挨姓唐的枪子儿呢？于是，在临去恩施之前，他写了一副对联送给唐克明。联语是："去秭归不远，正端午来游。"横批："新亭努力"。

唐克明玩枪在行，玩文字却一头雾水，看看这联语，好像是说自己治理的这地方是好地方——有名胜，有古迹，还鼓励自己努力进步，便以为是章太炎被自己吓破了胆，专门写这歌颂自己领地的对联来感谢自己对他的免杀之恩，于是用楠木雕刻，悬挂客厅。后来，经人解释，唐克明才知道这上联是指自己与三国蜀汉先主刘备兵败秭归，退居白帝城，终日"憋气烦闷"相差不远。下联是说自己来时正值五月初五屈大夫投身汨罗江祭日，没想到自己也跟屈原一样在此遭遇小人欺凌！至于横批，则是用"新亭楚囚对泣"的典故，说在楚地的唐克明所作所为不过是新亭之楚囚对泣，枉费心机。明白了这意思，唐武夫气得暴跳如雷，可有什么用？章太炎早溜之大吉了。

还是在抗战期间，时为国民党陆军少将的徐复观到重庆北碚勉仁书院以军人的身份初次拜见另一位国学大师熊十力，请教熊氏应该读什么书。熊氏教他读王夫之的《读通鉴论》。徐说那书早年已经读过了。熊十力不高兴地说："你并没有读懂，应该再读。"过了些时候，徐复观再去看熊十力，说《读通鉴论》已经读完了。熊问："有什么心得？"于是徐便接二连三地说出许多他不太满意的地方。原本指望自己的慧眼独具能获得对方好评，结果熊十力还未听完就直截了当大发雷霆："你算什么东西？敢对《读通鉴论》说三道四！任何书的内容，都是有好的地方，也有坏的地方。你为什么不先看出他的好的地方，却专门去挑坏的；这样读书，就是读了百部千部，你会受到书的什么益处？读书是要先看出它的好处，再批评它的坏处，这才像吃东西一样，经过消化而摄取了营养。比如《读通鉴论》，某一段该是多么有意义；又如某一段，理解是如何深刻……你记得吗？你懂得吗？你这样读书，真太没有出息！"这一骂，骂得徐复观这个陆军少将目瞪口呆。不过，他后来回忆时所说，这对他是起死回生的一骂。他也因此成为一个学者。

2006/3/6

文人广告

　　文人遭遇动乱或落难之时，单靠文章不足以为生。怎么办呢？当然只有想其他办法，或者弄弄手艺活，或者做做小生意——总之得想办法养活自己与家人才是。可要弄这些，得有顾客；要有顾客，就得打广告。照说，文人就是吃这碗文字饭的，写几行广告词，吹捧一下自己的手艺或生意如何不可多得，那还不是小菜一碟？然而，广告得夸张，得炫耀，真正的文人都是谦谦君子，要他给自己打广告自吹自擂，那可有违其做人之道。怎么办？好在文人还有文人朋友，让朋友出面为自己打打广告，既可收到广而告之的效果，又可避免自吹自擂之讥，岂不双全？于是，我们就看到了这样一些文人广告。

　　抗战期间，闻一多随清华大学师生长途跋涉到达昆明，组建了著名的西南联合大学，在大后方开始传道授业解惑的神圣使命。可是，当时的大后方生活十分贫困，闻先生家中人口又多，衣食不继。万般无奈，闻一多只好上课之余，去街上摆个小摊，为路人刻印，赚点钱来贴补家用。这一来，可就需要广告了，于是他的同事浦江清教授就为他代拟了这么一条广告：

秦玺汉印，雕金刻玉之流长；殷契周铭，古文奇字之源远。自非博雅君子，难率尔以操觚；倘有稽古宏才，偶涉笔以成趣。浠水闻一多先生，文坛先进，经学名家，辨文字于毫芒，几人知己；谈风雅之源始，海内推崇。斫轮老手，积习未忘；占毕余暇，留心佳冻。惟是温馨古泽，徒激赏于知交；何当琬琰名章，共榷扬于并世。黄济叔之长髯飘洒，今见其人；程瑶田之铁笔恬愉，世尊其学。爰缀短言为引，聊定薄润于后：石章每字 1200 元，牙章每字 3000 元。边款每五字作一计算，过大过小加倍。

有人评论这广告词："通篇以骈体写就，不仅对偶工整，词采富丽，而且广征博引，融古籍诗文词赋佳句于其中，又不见雕琢痕迹。虽无愤世嫉俗，痛责时弊的尖刻，但却体现出一种敦厚博雅的儒家风范。读来字字珠玑，细细咀嚼忘味，使人获得一种艺术与美学的享受。"这的确不假，只是，我担心在大街之上，有多少人读得懂他这文质彬彬、言简意赅的广告？

另外一个有名的广告是台湾诗人余光中为李敖写的。1966 年，31 岁的李敖受国民党迫害，文章不能发，刊物不许办。李敖也只好"发誓告诉文

闻一多

坛，改行卖牛肉面"了。为了让自己这下海进行得轰轰烈烈，李敖特地致信余光中，说："我在旧书摊上买到一本宣纸的小折页册，正好可做签名之用。我盼你能在这本小册的前面，写它一两页，题目无非'知识人赞助李敖卖牛肉面启'之类，然后由我找一些为数不多的我佩服的或至少不算讨厌的人士纷纷签它一名，最后挂于牛肉面锅之上，聊示'招徕'。"余光中义不容辞，为这落难文人写了这么一个等于是广告的《赞助启》：

> 近日读报，知道李敖先生有意告别文坛，改行卖牛肉面。果然如此，倒不失为文坛佳话。今之司马相如，不去唐人街洗盘子，却愿留在台湾摆牛肉摊，逆流而泳，分外可喜。唯李敖先生为了卖牛肉而告别文坛，仍是一件憾事。李先生才气横溢，笔锋常带情感而咄咄逼人，竟而才未尽而笔欲停。我们赞助他卖牛肉面，但同时又不赞助他卖牛肉面。赞助，是因为他收笔市隐之后，潜心思索，来日解牛之刀，更合桑林之舞；不赞助，是因为我们相信，以他之才，即使操用牛刀，效司马与文君之当炉，也恐怕该是一时的现象。是为赞助。

这算是暗中助了李敖一臂之力——奇怪的是，今天发达了的李敖一提起这当年为他卖牛肉面做广告的余光中来，就恶语相向，不是说他诗做得不好，就是骂他是伪君子。难道是嫌余光中当年为自己做的牛肉面广告不好？

事非得已，文人是不会为自己做广告的，但正是在这不得已中，我们更能看出文人的真性情来。

2005/6/28

那些值得追怀的插话者

别人讲话时，我们一般不主张插话，因为人家说得正一泻千里，你中间打岔，会使别人思路中断文思不再——这也是小孩子被教育不要打断别人说话的原因。不过，有时候，有的插话不仅不会让我们反感，反而会使我们心生敬佩。

1928 年，国民党势力到了北京，在北京成立了"北平政治分会"作为"中央"权力的象征，由西山会议派元老张继任政治分会主任。这天，张继到清华大学视察并在大礼堂发表演讲，抱怨清华有这么考究的房子，这样好的设备，一年花了这么多钱，却没有造就一个有用的人才，"试看我们中央委员中，各部部长中有哪一位是从清华毕业出来的？"末了，他还这么"理直气壮"地责问在座的清华师生。显然，张继是以出了多少大官作为评价一所大学好坏的唯一尺度，典型地体现了"学而优则仕"、"读书做官论"以及"官大真理多"等传统价值观。可这是在清华，他这一套在自己看来言之成理、持之有故的高论在这儿受到了前所未有的猛烈狙击——他话音刚落，清华大学学生会主席张人杰马上插嘴道："听了张主任的训话，我们有一个疑问，不知张先生所指人才是以什么为标准的？如果按学识、专长和成就来讲，清华毕业生中，却不能说没有。"于是他滔滔不绝地列举了清华在科学、技术、工程、建筑各方面杰出知名人士的一大串名单，然后说："就连国民党总理孙中山先生的陵墓的建筑图案，不也是清华毕业生设计的么！如果人才是指党棍和官僚，清华的确一个也没有！"话音刚落，会场上立即响起雷鸣般的声音。张继顿时面红耳赤，好在他能伸能屈，马上承认自己失言，才得以下台走人。张人杰的插话虽然不礼貌，却大快人心。

转眼到了1945年，这一年9月，抗战胜利。李宗仁出任北平行营主任。有一次，他宴请驻华美军司令魏德迈将军，请著名史学家、教育家、时任燕京大学历史系教授的洪业先生作陪。在宴会上，魏德迈致词时提到："中国之所以未能成为强国，对世界和平及繁荣有所贡献，乃是两大敌人的阻碍。一是日本人，半个世纪以来，一直操纵中国政治，给中国带来灾难，现在，中国在美国的帮助下，已经打败了日本。第二个敌人是你们的内奸，我们美国人爱莫能助，这个内奸的名字，就叫贪婪。你们若要享受真正的自由，要为人类的福利尽一份力量，非得除去这个内奸不可。"斯时，给魏德迈做翻译的，是一位美国将军普利士，这位普利士深知中国国情，怕魏德迈讲的第二点刺痛在座的中国主人，于是就将其"贪污"了，没有翻译。这时，作为陪客的洪业一下子站了起来，插话道："我以平民和历史学家的身份，向两位将军致谢。魏德迈将军说得好极了，普利士将军翻译得也很准确，但是，他为了给我们中国人留面子，第二部分没有翻完，现在，我把它翻完……"洪业的插话，展现了中国人的坦诚和承担。

在《赵俪生高昭一夫妇回忆录》一书中，赵先生则给我们讲述了这么一件事儿：1948年年底，北平即将解放。华北大学（即中国人民大学前身）讨论进北平后如何接管大专院校和文化部门，有人主张高校教师都要到文管会"亲自"报到。有人当即表示对这"亲自"的疑义——"像陈寅恪,眼睛看不清楚了,身体也很衰弱,由家属或朋友代替报到就行了。"此言刚出,就遭到华北大学"副校长"成仿吾的痛斥,他用洪亮的湖南话说:"资产阶级知识分子到无产阶级领导的革命机关来报到,来办理登记,一定要亲自来,本人来,不得有别人代替,因为——"他特别提高了声音说:"这是个态度问题!"赵先生当时的感受是:"这高亢的湖南话,听起来特别刺耳,会场上鸦雀无声。我当时内心活动很多,这是把自己当作征服者,把知识分子当成被征服者,要他们'迎降',在文管会门口办一个受降仪式吧?"于是他站出来插话了——"我发言了。我说十月革命后,俄国知识分子可比中国知识分子凶得多,嚣张得多,像巴甫洛夫,开口闭口骂布尔什维克是'匪帮',可列宁怎么样呢?他隔几天就拿着黑面包和黑鱼子酱来看望巴甫洛夫。他骂,列宁并不把他抓起来,也不同他吵,而是耐心地等他回心转意,替苏维埃共和国工作。我说,'这一切,值得我们大家学习。'话假如只讲到这里,将会一切太平无事,可是我却提高嗓音说'特别是值得成校长学习!'"

当年的张人杰和洪业,他们的插话虽然让主讲人或主持人不快,但也没留下什么副作用,事后,该做学生会主席的还做学生会主席,该做教授的还做教授。可赵先生这次插话后果却很严重——"在那次发言后三天,我接到华北大学调离通知。通知说,现在山东已经解放,山东分局来函,要求华大在干部人员上提供支援。赵俪生同志是山东人,理应支援桑梓……云云。我看了公文后对妻说:'我被开除了。'"

今天,那些敢在大人物或领导发言时插话表示不同意见的人已经少而又少了,这也是我们追怀那些插话者的原因所在。

2012/3/24

夏衍不作假

作家王蒙在他的《夏衍——提炼到最后的精粹》中，给我们讲了这么一个有趣的故事：说是华艺出版社 1990 年出版了一本《当代名家新作大系》。书出来后，出版社找王蒙，要他出面请夏衍给这本书写个序。王蒙乃老道之人，"考虑到夏公高龄"，就自己捉刀，为夏衍写了个提纲"供他参考"。可，这种精于人心老于世故的做法并没有得到夏衍的认可，他给王蒙写了一封信，"说是个人文章写起来风格不同，捉刀的效果往往不好，他无法使用我（指王蒙）代为起草的提纲"。夏衍自己一笔一画地写了序言，还对别人说："按王蒙那个提纲去写，人家一看，就是王蒙的文章嘛。怎么会是夏衍写的呢？"王蒙接着说："就这样，他老人家把我的提纲'枪毙'了。但可能是为了'安慰'我，他声称他的序言里已经吸收了我的提纲。我也假装得到了安慰和鼓励，心中暗暗为老人喝彩。"

这个故事之所以有意思，是因为它让我想到类似的另一件事。我们知道，有些人由于身份地位的关系，常遇到要为别人的文章或书写点文

夏衍

字的事情，自然，替他们考虑而毅然为老板操刀的部下更多，为什么这些人不能像夏衍一样以"风格不同"、"捉刀的效果往往不好"，而拒绝使用别人代为他写的东西？这里面的差别委实耐人寻味。

我寻思的结论是：首先，夏衍把自己看成作家，所以尊重作家这个头衔。如果一个号称作家的家伙，却居然连篇"序"都要别人代写或按人家提供的提纲写，这要传出去，头上那顶作家的帽子能价值几何？所以，为了自尊，夏衍拒绝了王蒙代拟的"提纲"。有的官员可就不一样了，本来就不是写文章的，连个简单的发言稿都要秘书做准备，上台发言还常常闹出把发言稿专门写给他看的"下转第三页"都稀里糊涂念出来的笑话，照人家的提纲写文章什么的，就是传出去也没什么不好意思的——这叫"术业有专攻"！其次，我们从这个故事中还可以看出夏衍对自己的自信：我是有风格的作家，王蒙也是有风格的作家，我们两人的风格风马牛不相及，我又怎么可能采用王蒙的文章——哪怕只是提纲呢？这种对文章风格的敏感和自觉，也只有真正的作家才会具有，日理万机的官员们哪会管这么多？在许多人看来，天下文章一大抄，看你会抄不会抄。我就碰到过这么一个老板。当他吩咐我写一个我根本不熟悉也没兴趣的题材，我表示不懂也不会写时，该老板大惊："你就不会在网上搜索一下，组合组合么？文章不就是这么东拼西凑的？"文章既然都是东拼西凑的，文章风格当然就更"皮之不存，毛将焉附"了。再次，是夏衍对"人各有体"的重视——"按王蒙那个提纲去写，人家一看，就是王蒙的文章嘛。怎么会是夏衍写的呢？"

这些道理，在文坛上混过，也在官场上混过，而且都混得不错的王蒙不用说比你我都明白，可他为什么还会这么好心地去碰一鼻子灰呢？他自己的讲法是"考虑到夏公高龄"，这种讲法当然也有道理，尊老毕竟是一种美德。不过，我以为他这么做，主要还是他原本是将夏衍作为一个官员（或者前任官员）去逢迎，而夏公却只把自己定位为作家的阴错阳差所致。当然，王蒙也是聪明人，所以一碰壁，马上醒悟——"就这样，他老人家把我的提纲'枪毙'了。但可能是为了'安慰'我，他声称他的序言里已经吸收了我的提纲。我也假装得到了安慰和鼓励，心中暗暗为老人喝彩。"

2005/8/2

黄裳是谁的裳

　　作家使用笔名除了为了避免一些不必要的麻烦外，还可能在笔名中表达一些希望或隐含自己的或许不可明言的某种情怀。比如"鲁迅"这一笔名，除了表示周树人对母亲的眷念外，还表达了其做事追求迅捷的理想；"茅盾"则显示了沈雁冰在大革命失败后对自己和中国前途的迷惘困惑与无所适从。这些笔名或因文意显豁，或因名主诠释，大都容易索解，可有的笔名就不这样了——比如黄裳。

　　作为著名的藏书家与散文家，黄裳可谓大名鼎鼎。可，恐怕很多人都以为"黄裳"就是他的真名，而实际上，"黄裳"是他的笔名。不过他这笔名用久了，大家已经习以为常，而且这个名字太像真名了，谁会想到它是笔名呀——这也是起得好的笔名的要件之一：好的笔名在读者看来就像真名一样。实际上，黄裳的本名叫"容鼎昌"。那么，这个笔名有什么来历呢？它表达了怎样的"希望"或隐含什么"不可明言的情怀"呢？

黄裳

　　看到"黄裳"这个笔名，我们首先想到的，也许就是东晋大文人陶渊明在他的《闲情赋》中写过的："愿在衣而为领，承华首之余芳，悲罗襟之宵离，怨秋夜之未央。愿在裳而为带，束窈窕之纤身，嗟温凉之异气，或脱故而为新。"也就是说，黄裳所以愿做"裳"，乃是因为他愿意做某个漂亮得一塌糊涂的女人的裳，而不是愿意做你我的裳。那么，这位幸运的女士究竟是谁呢？根据这个笔名，我们能判断的只能是她姓"黄"，至于黄什么，那可就得由擅长发掘文墓与揭示文幕的好事者来为我们"作郑笺"了。

　　据说，年轻的容鼎昌，很欣赏当时走红的女明星、素有"甜姐儿"之称的黄宗英，是黄的"追星族"，这一追星一发痴，他就想到了陶渊明与《闲情赋》，于是就顺手牵羊，把人家诗中抽象的人具体化，为自己取名"黄裳"——意谓自己愿做"黄"宗英的衣"裳"。为什么愿意做人家的衣裳呢？当然是醉翁之意不在酒，意在天天和自己心仪的人儿亲近。那么，这个颇为浪漫的传说有没有根据呢？

　　黄裳本人在《断简零篇室摭忆》里曾提到钱锺书为他写过一联："遍求善本痴婆子，难得佳人甜姐儿。"从这里透露出来的信息是："甜姐儿"（黄宗英），的确是或者说曾经是他的心上人。起码，在钱锺书看来，这遍求善本与思念甜姐是黄裳一生中两大重要主题。1950年元月，钱锺书曾在黄裳访问自己后，有这样一封信给他："北来得三晤，真大喜事也。弟诗情文思皆如废井，归途忽获一联奉赠：遍求善本痴婆子，难得佳人甜姐儿。幸赏其贴切浑成而恕其唐[突]也。如有报道，于弟乞稍留余地。兄笔挟风霜，可爱亦复可畏。（如开会多，学生于文学少兴趣等语请略。）赵家璧君处乞为弟一促，谢谢。即上裳兄文几。徐、高二公均候。弟钱锺书拜内人同叩。三十一日。"可见，黄裳之为"黄"宗英之"裳"，乃是铁板钉钉的事。

2004/8/15

梁漱溟享受的"雅量"

梁漱溟在新中国成立后的政协会议上，曾直言不讳地批评当时政府的政策让"工人被重视，在九天之上；农民负担太重，在九天之下"。这下得罪了最高当局，毛泽东于是在会议上不点名批评他："有人不同意我们的总路线，认为农民太苦，这大概是孔孟之道施仁政的意思吧！须知仁政有大仁政和小仁政之分……发展重工业、打倒美帝是大仁政。有人班门弄斧，似乎我们共产党搞了几十年农民运动，还不了解农民。"梁漱溟不服气，硬着脖子说："我不反对总路线，我是拥护总路线的！"毛泽东不客气地说："……而你不明言反对，实则反对，是恶意的。"后来，一名中共领导人又在会上清理梁漱溟历史罪行，说了很多。梁不服，要求对方给自己时间说明自己历史问题，同时还要求对方的"雅量"："现在我唯一的要求是给我充分的说话时间……不给我充分的时间是不公平的……我也直言，我想考验一下领导党，看看毛主席有没有雅量。什么叫雅量？就是等我把事情的来龙去脉说清楚后，毛主席能点头说：'好，你原来没有恶意，误会了。'"听了梁漱溟的话，毛泽东说："你说的这个雅量，我大概不会有。"梁漱溟仍然毫不示弱："主席，你有这个雅量，我就更加敬重你；你若没有这个雅量，我将失掉对你的尊敬。"最后，当然是被轰下台来，回家闭门思过。

不过，历史上，梁先生倒还真是个享受过充分"雅量"的幸运者。譬如，当年他以一介中学生的身份却能到中国最高学府北大任教，就是因为北大校长蔡元培先生的"雅量"。民国刚一成立，蔡元培即出任第一届教育总长，当时梁漱溟在同盟会的《民国报》工作，以一青年记者的身份，出入于国会、总统府、国务院及各政党总部，因而多次接近并采访蔡元培先生。1917 年，蔡元培从欧洲访问归来，出任北大校长。梁漱溟拿着自己的论文《穷元决疑论》登门求教。蔡元培告知："我在上海时已在《东方杂志》上看过了，很好。"让梁漱溟没有想到的是，蔡元培接着提出请他到北大任教并教印度哲学一门课程。梁大吃一惊，谦虚地表示：自己何曾懂得什么印度哲学呢？印度宗派那么多，只领会一点佛家思想而已："要我教，我是没得教呀！"蔡先生回答说："你说你不懂印度哲学，但又有哪一个人真懂得呢？谁亦不过知道一星半点，横竖都差不多。我们寻不到人，就是你来吧！"梁漱溟总不敢冒昧承当。蔡先生又说："你不是喜好哲学吗？我自己喜好哲学，我们还有一些喜好的朋友，我此番到北大，就想把这些朋友乃至未知中的朋友，都引来一起共同研究，彼此切磋。你怎可不来呢？你不要是当老师来教人，你当是来共同学习好了。"蔡先生的这几句话深深打动了梁漱溟，他便应承下来。就这么着，梁先生因为蔡元培的"雅量"，从一名中学生一跃成为大学老师。

不仅像蔡元培这样的知识分子有雅量，就是军阀韩复榘这样的异类，对梁先生也有雅量。1922 年，梁先生应邀到北京南苑冯玉祥部，给部队官佐讲学，宣传他的主张，主要是儒家哲学。讲学一共进行了五次，每次一个旅，由旅长带着全旅官佐前来听讲，地点在当时南苑的基

梁漱溟

督教青年会讲堂。就是因为这次讲学，他认识了当时还是团长的韩复榘。后来韩先后在河南省和山东省政府任主席，因为对梁漱溟的道德学问很是仰慕，便有了后来在山东鼎力支持梁的乡村建设计划。梁也直言不讳地说："我们的经费主要是靠中国的地方政府。在河南靠冯玉祥，在山东靠韩复榘。"韩复榘在山东推行乡村建设计划，旨在进行政治及行政改革。韩说："中国紊乱至此，非从农村整理入手不可，余个人对此迷信甚深。在济南曾办'村治学院'，现在山东又办有邹平之'乡村建设研究院'。"又说："我学识浅陋，而有学识的即'乡村建设研究院'。因为它是集合知识能力分子在救济农村，一方（面）培养农民知识，一方（面）把农村组织起来，有组织才有力量。"他还说："军队需要整理，不整理早晚要垮；政治也需要改革，不改革也是早晚要垮的。"他呼吁："我不会改革，请梁先生帮我们改革吧！"（康鹏、王琰《韩复榘其人》）所以，韩复榘对梁漱溟非常尊重，当面称之为"梁先生"。凡梁所提建议，韩多采纳。起初，韩复榘划邹平、菏泽、济宁三个县为乡村建设实验区，以后扩展到2个专区（菏泽、济宁）共19个县，所有专员、县长和保安司令都由乡建派人士担任。仅菏泽几个县就前后训练约5万人的地方自卫武装。抗战爆发后，韩将菏泽一带的自卫武装编成一个4000人的补充旅。以后这个旅又被何应钦补充到中央军，编入炮兵。何高兴地说："山东人身高体壮，可以当最好的炮兵。"由于"乡村建设研究院"掌握了地方军政大权，当时人们称其为"第二省政府"。梁漱溟出于一个学者的理想主义,提倡乡村建设,韩复榘不但充分理解,还划出 19 个县供其进行社会改革实践,并将地方军政大权一并交他做主,在那个时代,一个职业军人能有此胸襟和雅量,殊为难得。也因此,梁漱溟对韩复榘有这样的评价:"韩复榘作战英勇,又比较有文化,方深得冯玉祥的重用和信任,一步步提拔,而成为冯手下的一员大将。后来他离冯投蒋,去山东主政八年,曾试图做出一些政绩,直到抗战爆发,被蒋介石杀头。""他对儒家哲学极为赞赏,且读过一些孔孟理学之作,并非完全一介武夫。"(康鹏、王琰《韩复榘其人》)

大概,就是因为享受了许多诸如此类的"雅量",所以梁先生才敢在政协会议上向新生力量也要"雅量",结果,淮南之橘化为淮北之枳,只好被赶回家闭门思过。

2007/1/3

假
谎

周作人：知难，行亦不易

当年，孙中山倡导知难行易，意思是不怕做不到，只怕想不到，想到了就能做到——有点后来人有大胆地有多大产的意思。后来，学者胡适觉得这种学说有点扯，就写了一篇《知难，行亦不易》的文章来跟孙中山商榷。文章中很巧妙地用孙中山曾干过的"医生"行当来说明"知固是难，行也不易"："医学是最难的事，人命所关，故西洋的医科大学毕业年限比别科都长二年以上。但读了许多生理学，解剖学，化学，微菌学，药学，……还算不得医生。医学一面是学，一面又是术，一面是知，一面又是行。一切书本的学问都要能用在临床的经验上；只有从临床的经验上得来的学问与技术方才算是真正的知识。一个医生的造成，全靠知行的合一，即行即知，即知即行，越行越知，越知越行的工巧精妙。熟读了六七年的书，拿着羊皮纸的文凭，而不能诊断，不能施手术，不能疗治，才知道知固然难。行也大不易也！"应该说，很有说服力：谁敢把自己的命托付给那些刚从医学院出来的无所不知的医学博士硕士们呀？

对于很多学富五车的大学者而言，的确是"知难，行亦不易"的，甚至还是知易行难。大作家周作人就是一例。

在周作人欣赏的古书中，有一部他可以说是烂熟于心且欣赏不已，那就是北朝时北齐人颜之推写的《颜氏家训》。关于这本书，周作人在自己许多文章中都对其赞不绝口。如在《夜读抄》一书中，有专门一篇提及《颜氏家训》，周作人对其的评价是："南北朝人的有些著作我颇喜欢。这所说的不是一篇篇的文章，原来只是史或子书，例如《世说新语》、《华阳国志》、《水经注》、《洛阳伽蓝记》，以及《颜氏家训》。其中特别又是《颜氏家训》最为我所珍重，因为这在文章以外还有作者的思想与态度都很可佩服。"可谓尊崇。而在《立春以前·文坛之外》里，周作人又说，他的"理想"是达到颜之推《颜氏家训》的境界，即"理性通达，感情温厚，气象冲和，文词渊雅"。而在《苦口甘口·我的杂学》中，他更是指出:"《颜氏家训》本不是文学书，其中的文章却写得很好，尤其是颜之推的思想，其明达不但为两汉人所不及，即使他生在现代，也绝不算落伍的人物。对各方面，他都具有很真切的了解，没一点固执之处。"照说，对这本书的教诲，他当不仅烂熟，而且愿意奉行了。然而，实际上如何呢？我们不妨就周作人跟他大哥鲁迅分手一事来看个究竟吧。

在周作人一生的经历中，除了他抗战时期经不起考验，附逆落水外，最大的事件就该是他跟自己哥哥鲁迅的决裂了。

在鲁迅三兄弟中，老大鲁迅和二弟周作人的关系应该是更为亲近的。这不仅因为他们年纪差得不是太大，阅历相近，更因为周作人的成长都是他的兄长鲁迅一路引导。鲁迅不但负责这个家庭的物质生活，还负责引导弟弟的精神方向。鲁迅到南京上学，也把他的弟弟接到南京上学，鲁迅去日本留学，后来也把他的弟弟带到日本留学，在生活上和学业上对其也多有指导。而周作人去北大任教，也是得益于鲁迅向当时北大校长蔡元培的推荐。那是在 1917 年年初，鲁迅、许寿裳联袂向蔡元培推荐在老家教育学会任职的周作人，蔡元培同意周作人到北京大学任教。周于 4 月 1 日至京，随后即往马神庙北大校长室和东城遂安伯胡同蔡寓访蔡，皆不遇。4 月 5 日，蔡亲自到南半截胡同绍兴县馆访周，告知学期中间本科不便开设新课，拟请他先在预科教授国文。周来北大的志趣是讲授英文和欧洲文学史，教预科国文非其所愿。于是，4 月 10 日"至大学谒蔡先生，辞国文事，又告南行"。就在周作人打点行囊，准备离京返里之时，接到了蔡元培的信函，请他担任附设在北大文科的国史编纂处编纂员，每日工作 4 小时，月薪 120 元。周欣然同意，于 4 月 16 日正式到校任职，同年 9 月，又收到了校方请其担任文科教授的聘书。周作人的进入北大，是其人生历程的一大转机，而促成此事的关键，是鲁迅（许寿裳出面，应该也是看在鲁迅面子上）托蔡元培达成的。此事对周作人后来的成就，应该是举足轻重的。

然而，就是这么一对"兄弟怡怡"、思想感情这样接近的好兄弟，在 1923 年，却居然走上分裂、分手、绝交的道路：这年 7 月 19 日，周作人给鲁迅送来一封信，信中写道："我昨天才知道，——但过去的事不必再说了。我不是基督徒，却幸而尚能担受得起，也不想责谁，——大家都是在可怜的人间。我以前的蔷薇的梦原来都是虚幻，现在所见的或者才是真的人生。我想订正我的思想，重新入新的生活。以后请不要再到后边院子里来，没有别的话。愿你安心，自重。"从此，现代文学史上双子星一样的兄弟二人彻底决裂，"东有启明，西有长庚"，"两星永不相见"。

对于鲁迅和周作人决裂一事，因当事人双方都对其原因绝口不提，引起了社会上的各种猜测。有的说是鲁迅偷看羽太信子洗澡被发现了，故而造成了两人的失和；也有人说是鲁迅趁周作人不在，调戏弟媳，遭到羽太信子的拒绝后，兄弟失和；还有人说周氏兄弟因为文化上的观点不同，再加上羽太信子从中挑拨，才有了那样的结果；更有人以弗洛伊德的性心理学说来套鲁迅，说他本来对羽太信子就垂涎已久，性压抑得不到释放，所以试图勾引弟媳，被拒绝后，便恼羞成怒，与周作人夫妇打了一架后离开了八道湾。诸多说法稀奇古怪，然多为道听途说。不过，研究者对此倒也有一点看法一致，那就是，鲁迅与周作人的断交，不是出于政治立场和为人原则不同之类的大问题，而是一些鸡毛蒜皮却又纠缠不清的家庭矛盾所致，其源头也的确在周作人那位日本夫人那里。

鲁迅的好友、与周作人在日本有同住情谊的许寿裳在《亡友鲁迅印象记》中说："作人的妻羽太信子是有歇斯底里性的。她对于鲁迅，外貌恭顺，内怀忮忌。作人则心地胡涂，轻信妇人之言，不加体察。我虽竭力解释开导，竟无效果。致鲁迅不得已移居外客厅而他总不觉悟。鲁迅遣工役传言来谈，他又不出来；于是鲁迅又搬出而至砖塔胡同了。从此两人不和，成为参商，一变从前'兄弟怡怡'的情态。"曾经是周氏兄弟学生的俞芳也回忆说，朱安夫人曾"很气愤地"向人说过："她（信子）大声告诫她的孩子们，不要亲近我们，不要去找这两个'孤老头'，不要吃他们的东西，让这两个'孤老头'冷清死。"

羽太信子在二周决裂一事上扮演了重要角色，这点，鲁迅、周作人虽声明"不说"，暗示却是有的。1924 年 9 月，鲁迅辑成《俟堂专文杂集》，署名"宴之敖"；1927 年 4 月，在所作《铸剑》中，又用"宴之敖"命名复仇者"黑的人"。据许广平回忆，鲁迅对这笔名有过一个解释："宴"从门（家），从日，从女；"敖"从出，从放，也就是说"我是被家里的日本女人逐出的"。这个日本女人自然就是羽太信子。而周作人对此，在自己的晚年也有承认。1964 年 10 月 17 日，周作人在写给香港友人鲍耀明的信中曾明确表示：1964 年香港友联出版公司出版的赵聪的《五四文坛点滴》，"大体可以说是公平翔实，甚是难得。关于我与鲁迅的问题，亦去事实不远，因为我当初写字条给他，原是只请他不再进我们的院子里就是了"。同年 11 月 16 日,他在给鲍耀明的信里又说:"鲁迅事件无从具体说明,惟参照《五四文坛点滴》中所说及前次去信,约略已可以明白。"但是,翻阅赵聪《五四文坛点滴》中有关周氏兄弟失和的文字,除引证鲁迅日记中有关兄弟失和的记载外,也仅有如下几句:"许寿裳说过,他们兄弟不和,坏在周作人那位日本太太身上,据说她很讨厌她这位大伯哥,不愿同他一道住。"看来,周作人肯定了一点:兄弟失和的原因是,他的夫人不愿同鲁迅一道住。为什么"不愿"呢?周作人却没有说。

而按鲁迅三弟周建人的说法,则主要是信子在经济上的挥霍:"鲁迅在教育部的薪金每月三百元,还有稿费、讲课费等收入,周作人也差不多。这比当年一般职员的收入,已高出十多倍,然而月月亏空,嚷着钱不够用。在绍兴,是由我母亲当家,到北京后,就由周作人之妻当家。日本妇女素有温顺节俭的美称,却不料周作人碰到的却真是个例外。她并非出身富家,可是气派极阔,挥金如土。家中有管家齐坤,还有王鹤拓及烧饭司务、东洋车夫、打杂采购的男仆数人,还有李妈、小李妈等收拾房间、洗衣、看孩子等女仆二三人。更奇怪的是,她经常心血来潮,有时饭菜烧好,忽然想起要吃饺子,就把一桌饭菜退回厨房,厨房里赶紧另包饺子……这种种花样,层出不穷。鲁迅不仅把自己每月的全部收入交出,还把多年的积蓄赔了进去,有时还到处借贷,甚至弄得夜里写文章时没有钱买香烟和点心。……虽然周作人的生活是比较讲究一些,但还不至于这样。但周作人任他的妻子挥霍,不敢讲半句不是。早在辛亥革命前后,他携带家眷回国居住绍兴时,他们夫妇间有过一次争吵,结果女方歇斯底里症大发作,周作人发愣,而他的郎舅、小姨都指着他破口大骂,从此,他不敢再有丝毫的'得罪',相反,他却受到百般的欺凌虐待,甚至被拉着要他到日本使馆去讲话。平日里,一讲起日本,她总是趾高气扬,盛气凌人;讲到支那,都是卑贱低劣。而周作人只求得有一席之地,可供他安稳地读书写字,对一切都抱着息事宁人的态度,逆来顺受。"[1]

更为可叹的是:不仅鲁迅与周作人决裂了,他们的后代(海婴和周作人的子女)也再无来往。

有意思的是,在周作人喜欢的《颜氏家训》卷一中,就有"兄弟"一条(第三条),而且几乎就是针对周作人与他哥哥鲁迅绝交一事说的:

> 夫有人民而后有夫妇,有夫妇而后有父子,有父子而后有兄弟:一家之亲,此三而已矣。自兹以往,至于九族,皆本于三亲焉,故于人伦为重者也,不可不笃。兄弟者,分形连气之人也。方其幼也,父母左提右挈,前襟后裾,食则同案,衣则传服,学则连业,游则共方,虽有悖乱之人,不能不相爱也。及其壮也,各妻其妻,各子其子,虽有笃厚之人,不能不少衰也。娣姒之比兄弟,则疏薄矣;今使疏薄之人,而节量亲厚之恩,犹方底而圆盖,必不合矣。惟友悌深至,不为旁人之所移者,免夫!

> 二亲既殁,兄弟相顾,当如形之与影,声之与响;爱先人之遗体,惜己身之分气,非兄弟何念哉?兄弟之际,异于他人,望深则易怨,地亲则易弭。譬犹居室,一穴则塞之,一隙则涂之,则无颓毁之虑;如雀鼠之不恤,风雨之不防,壁陷楹沦,无可救矣。仆妾之为雀鼠,妻子之为风雨,甚哉!

> 兄弟不睦,则子侄不爱;子侄不爱,则群从疏薄;群从疏薄,则僮仆为仇敌矣。如此,则行路皆踏其面而蹈其心,谁救之哉!人或交天下之士,皆有欢爱,而失敬于兄者,何其能多而不能少也!人或将数万之师,得其死力,而失恩于弟者,何其能疏而不能亲也!

看看,周作人和鲁迅,一开始兄弟怡怡,而后来却也绝交分裂,而

---

[1] 详见周建人《鲁迅与周作人》。

他们分裂的原因，不也正是"兄弟之际，异于他人，望深则易怨，地亲则易弭"？还有，他们的后代，不也照样上演"兄弟不睦，则子侄不爱"的悲剧？

周作人对《颜氏家训》可谓知之甚深，然而，最后还是跌入"人或交天下之士，皆有欢爱，而失敬于兄者，何其能多而不能少也"的泥坑。

毕竟，知难，行亦不易！

2013/3/27

章士钊的学问

　　知道章士钊的名字是读鲁迅作品的副产品，不过，那可不是什么好名气：在鲁迅笔下，他是一个反对白话的老顽固，还是一个利用自己手中权力迫害异己"挑剔风潮"的老官僚，也是一个在什么人手下都有官做、圆滑无比的老滑头……总之，就人品而言，这家伙有些像五代时的冯道——没有他不能做的官！至于他爱自诩自己那"学贯中西"的学问，那当然叫人无法恭维——一个擅长做官的人，学问能好到哪儿去？杜甫早就说过："文章憎命达，魑魅喜人过。"

　　他的学问首先遭到过他反对的白话作家——尤其是鲁迅——的大力嘲讽：比如鲁迅就曾嘲弄章士钊自鸣得意的文句"钊念儿女乃家家所有，良用痛心；为政而人人悦之，亦无是理"比起清人何栻的"公子固翩翩绝世，未免有情；少年而碌碌因人，安能成事"来是何等的"陋弱可哂"。"何栻比他高明得多，尚且不能入作者之林，章士钊的文章更于何处讨生活呢？"至于他误用成语"每况愈下"之类，也给鲁迅讽刺了个淋漓尽致。当然，挖苦得最厉害的还是"二桃杀三士"。章士钊有板有眼地说这用文言表达多简练传神——"二桃杀三士",看来赏心悦目,读来朗朗上口,写来还省事省墨。可同样一句话你要用白话来表达,那可就差到爪哇岛去了,得啰啰嗦嗦地讲什么"两个桃子杀了三个读书人",你看,这多么简陋可笑? 所以,白话文比起文言来,"是亦不可以已乎"? 这个号称对古文化十分了解、十分热爱的"孤桐先生"在这里犯了个低级错误:那就是这儿的"士"不是指"读书人",而是指"武士"。因为文言图简练节省,所以无论文士与武士都通称为"士"。这一简省不要紧,可使章士钊这附庸风雅的"雅人"丢了大脸了:这个自称好古之士的雅人其实对古文化是门外汉——居然连《晏子春秋》这样的古代基本文献都没读过或者读懂过。于是鲁迅就刻薄他道:"旧文化也实在难解,古典也诚然太难记,而那两个旧桃子也未免太作怪:不但使那时三个读书人因此送命,到现在还使一个读书人因此出丑。'是亦不可以已乎'!"

新中国成立后,这个曾经镇压过学生运动,又曾与"新文化运动旗手"过不去的人物照说日子不会好过,可他就有冯道的本事,仍然在新政权中弄了个清职——做什么文史馆馆长。政治是不许他玩的了,可学问还鼓励他做:在大家都不许出书的 20 世纪 70 年代,他的皇皇巨著《柳文指要》《逻辑指要》仍可以问世,成为那个时代几乎唯一的"学者"。这些书的价值何在呢? 我们不妨看看钱锺书先生的评价。

章士钊与钱先生的父亲是朋友——好像都反对过白话文,而章士钊又对钱先生的学问表示过佩服,加上新中国成立后他们都住在北京,所以钱老先生就命令钱锺书去章士钊那儿"上门拜访"。可钱锺书的回答却是:"便是司马迁、韩愈住在我隔壁,也恕不拜访!"后来,钱锺书在干校读到《柳文指要》,不禁为当初的违背"父命"而庆幸:幸好当初没有去见他,也就没有说现在看来注定要后悔的恭维话! 从这些旁证中,我们或许能看出钱锺书对章士钊学问的评价。当然,我们也可以举一些直接的证据。在《管锥编》第一册中有这样一段话：

偶睹《逻辑指要》，二四二页略云："萧《选》中宾主问答各篇，答语辄冠以'唯唯否否'四字，正反并用。盖篇中所问，遽以一面之词作答，大抵不易罄意。'唯唯否否'亦谓是者'唯'之，非者'否'之。从而区以别焉尔。唯吾文有之，大可宝贵。"立说甚巧，而失据不根；面墙向壁，二者兼病。四字始出《史记》，《文选》"问答各篇"并无此语，不知作者何见。《史记》明是反意，绝非"正反并用"，观"不然"可知。英语常以"亦唯亦否（yes and no）"为"综合答问（synthetic answer）"，或有约成一字（nes, yo），则真"正反并用"，足为"奥伏赫变"示例者。岂得曰"惟吾文有之"哉？况"吾文"初未"有之"乎！

这对章士钊学问与治学态度的挖苦，可以说一点也不下于鲁迅！

2001/9/11

"胡萝卜"、"大棒"之外

　　杨绛在《我们仨》中记载：1945年，钱锺书担任中央图书馆英文总纂时，每月都要去南京汇报工作，早上去，晚上很晚回家（那时他们在上海）。"一次他老早就回来了，我喜出望外，他说：'今天晚宴，要和'极峰'握手，我趁早溜回来了。'"至于为什么不愿和极峰（蒋介石）握手，杨绛提到过这么一件事："朱家骅曾是中央庚款留英公费考试的考官，很赏识钱锺书，常邀请钱锺书到他家便饭——没有外客的便饭。一次朱家骅许他一个联合国教科文的什么职位，钱锺书立即辞谢了。我问锺书：'联合国的职位为什么不要？'他说：'那是胡萝卜。'当时我不懂'胡萝卜'与'大棒'相连。压根儿不吃'胡萝卜'，就不受大棒驱使。"钱锺书也正是因为不接受权贵的"胡萝卜"，所以能够不受对方的大棒驱使。不过，得了对方胡萝卜，除了在对方需要你时，你得围着他大棒转，作为学者，为对方抬轿子吹喇叭的事也在所难免——这叫"知恩图报"。

　　我们不妨来看两个例子。

一个就是那个曾想给钱锺书"胡萝卜"的朱家骅。他就是一个既接受"胡萝卜"又接受"大棒"的知识分子典型。他原本学者出身，拥有德国柏林大学博士学位，在国内担任过北京大学教授、中山大学校长、中央大学校长，名满天下，深受蒋介石青睐，于是抛来"胡萝卜"，让他出任教育部部长、中央研究院总干事、代院长乃至国民党中央组织部部长。不过，吃了这么多的"胡萝卜"，当然就得替主子"帮"点雪中送炭的"忙"，或锦上添花地"帮闲"了，于是，就有了1943年，在中国的"战时首都"重庆上演的献九鼎的一幕闹剧。

九鼎，在中国古代社会里一直是象征国家政权的传国之宝，也可以说是皇权的象征，所以，在《左传·宣公三年》中才有"周德虽衰，天命未改。鼎之轻重，未可问也"的说法。1943年1月11日，中国与美国、英国分别签订《中美新约》和《中英新约》，宣布废除历史上强加给中国的不平等条约，取消在华特权。这当然是中国近代外交史上的一大胜利，是中华民族多年奋斗特别是艰苦卓绝的抗日战争取得的成果。对此，蒋介石自觉踌躇满志，在当天的日记里这么写道："此为总理革命以来毕生奋斗之最大目的，而今竟得由我亲手达成。"上峰既然如此得意，平时深受"胡萝卜"豢养的手下当然该锦上添花了。于是，时任中央组织部部长的朱家骅拍板决定向蒋介石献九鼎。满脑子帝王思想的蒋介石对此当然不会反对，就在中国报告上批了个"阅"，不置可否，实际上是默许了。于是，一场献鼎运动便轰轰烈烈地开始了：1943年1月20日至2月19日，朱家骅主持召开了献九鼎筹备委员会三次会议，决定在1944年1月11日召开两个条约签订一周年纪念大会时，向蒋介石献九鼎致敬。由卢作孚的民生机器厂负责铸造九鼎，各工矿党部平摊费用，由故宫博物院院长马衡设计并监制九鼎。九鼎的鼎台采用四川出产的珍贵楠木，上刻蟠螭纹，台面是绿色雪花呢，鼎盖用古铜色软缎覆盖。而九鼎铭文则采取了由刘起纡起草，著名史学家顾颉刚修订的这么几行字："于维总裁，允文允武，亲仁善邻，罔或予侮。我士我工，载欣载舞，献兹九鼎，宝于万古。"

可是，还没等这鼎献上去，正在排练，蒋介石就把朱家骅叫去大骂："这是无耻！""太糊涂，是侮辱我！"不特此也，蒋介石还走来到排练现场，怒气冲冲道："今天的这种行为，是给我一次侮辱。这种做法，不仅给我侮辱，也给党侮辱，怎样对得起总理在天之灵？"末了，还义正词严道："代表们远途跋涉，辛苦了。这件事，是我们中央负责人做错了，我也有责任。我看到签呈时，没有批'可'，只批了一个'阅'字，意思是做一点纪念品是可以的，而你们这么劳民伤财，轰动全国，实在是愚蠢无知。"搞得因吃了"胡萝卜"而大献殷勤的朱家骅下不了台。

蒋介石为何突然翻脸呢？原来铸鼎和选礼仪小姐献鼎的消息已不胫而走，闹得陪都重庆人言啧啧，舆论一片哗然。这件事还被美国的报纸登载出来，说蒋介石叫人们给他献九鼎，这是预备做皇帝。蒋看见这段消息，当然只好把朱家骅痛骂一顿，丢车保帅了——看，吃了人家的"胡萝卜"，就得替别人吹牛拍马，关键时还得作为替罪羊给牺牲掉。这就是吃"胡萝卜"的代价。

还有个例子就是这个修订铭文的顾颉刚。顾颉刚作为学者，一个著名的历史学家，原本不应该参与其事。岂不说对献鼎这种极具封建色彩与帝王思想的活动一个现代知识分子不应加入其中，出谋划策；仅从学术角度而言，顾颉刚也没有理由加入进去。因为按《史记》记载，九鼎的来历是"禹收九牧之金，铸九鼎，象九州"。而顾颉刚自己已在《古史辨》中认定"禹无其人"，而只是一条"虫"！既然如此，又哪来的九鼎？哪来的什么"铭文"？可，他还是硬着头皮自打耳光地去"修订"。为什么？还是因为"胡萝卜"——不过，这"胡萝卜"不是老蒋给他的，而是朱家骅给他的。

在1943年10月12日写给老师胡适的信中，顾颉刚在叙述了一通

顾颉刚

自己在抗战爆发以来遭受的一系列颠沛流离和亲人（父亲、妻子）死亡的变故后，这么写道："刚于廿八年就齐大国学研究所主任职，居成都者两年。卅年朱骝先（朱家骅）邀至重庆，主编《文史杂志》。抗战中，印刷困难已极，迄今衍期达一年之久。"自己视为安身立命的杂志在朱家骅的帮助下得以恢复，对这样的"胡萝卜"，顾颉刚能不倾心相报，为其"帮忙"？所以，他不惜自污清名，自打耳光地为朱家骅操办这"献鼎运动"。

顾颉刚在当时就受到了不少人的非议。国民党元老李石曾就说："顾颉刚曾指大禹非人，遑论尧舜，但朱骝先在重庆，拟献九鼎之文，却由顾颉刚执笔，学人而不管事实的好出风头，亦小之乎为学人矣。"还说："北大疑古派顾颉刚……拟献九鼎铭文，是顾亦自疑矣。"而历史学家陈寅恪对顾颉刚此举，也十分惊讶——不相信由大禹其人的顾颉刚居然为"九鼎"作铭文，这也太不可思议了，于是写了一首《癸未春日感赋》："沧海生还又见春，岂知春与世俱新。读书渐已师秦吏，钳市终须避楚人。九鼎铭辞争颂德，百年粗粝总伤贫。周妻何肉尤吾累，大患分明有此身。"该诗对顾颉刚此失德丢脸之举进行了微讽：为了自己及家人的生活为了摆脱贫困，号称"为天地立心，为生民立命，为往圣继绝学，为万世开太平"的知识分子居然放弃原则，师法秦吏！

由此，我们不难看出，知识分子如果接受了统治者的"胡萝卜"的话，除了在"大棒"的指挥下，"为王前驱"外，还得丧失立场地为权门抬轿子吹喇叭，为人所弃。钱锺书不去吃那"胡萝卜"，实为明智之举。

2004/4/3

曹聚仁之"妄"

曹聚仁，字挺岫，号听涛，笔名袁大郎、陈思、彭观清、丁舟等，1900 年 7 月 7 日出生于浙江浦江蒋畈村（今兰溪市梅江镇蒋畈村）。官方给他最后的头衔是"我国现代著名作家、学者、记者和杰出的爱国人士"。之所以能荣膺"杰出的爱国人士"的称号，乃是因为他在新中国成立后作用特殊。

1950 年，曹聚仁只身赴港写作，任《星岛日报》编辑，并主办《学生日报》、《热风》，还为新加坡《南洋商报》写特约文章，1959 年后同林霭民合办《循环日报》、《循环午报》、《循环晚报》。在此期间，国共双方都努力寻找能够实现沟通的中间人，被选中的就是曹聚仁。他频频往来于北京和台湾之间，成为毛泽东、周恩来、蒋介石、蒋经国的座上宾，密商两岸和平统一大事。曹每次到大陆，毛泽东、周恩来都与他秘密谈话。毛泽东和周恩来在谈话中都表示了和平解决台湾问题的意图。曹也在返回香港后转道台湾，直接与蒋氏父子见面，转告中共方面的意见。经过多次沟通，国共双方在一些重要问题上有了一些共识：比如，国共

曹聚仁

两党都坚持一个中国，都维护祖国统一；国共两党也都有了和平解决台湾问题的意愿。毛泽东给蒋介石制定"一纲四目"，只要台湾回归祖国，其他一切问题悉尊蒋介石与陈诚意见妥善处理。蒋氏父子以"蒋介石偕同旧部回到大陆，可以定居在浙江以外的任何省区，仍任国民党总裁"等六点意见相回应。曹聚仁曾建议，在两岸和平统一后，蒋介石可将庐山作为终老怡养之地。只是因为后来大陆"文革"爆发，蒋介石得知这些情况后，对中国共产党的政策产生了疑虑，便中断了与共产党的联系。从曹聚仁能够往来国共之间的经历，我们就不难判断此人是何等的机灵剔透。

说他是"妄人"的乃是大名鼎鼎的胡适。胡适在1957年3月16日的日记中写道："收到妄人曹聚仁的信一封，这个人往往说胡适之是他的朋友，又往往自称章太炎是他的老师。其实我没有见过此人。此信大意是说他去年秋间曾到北京上海去了'两次'，'看到了朝气蓬勃的新中国！''先生……最好能回北京去看看……可以巡行全国，等先生看了之后再下断语何如？'他说他'愿意陪着先生同行'！"（《胡适全集》）

曹聚仁这封信的用意不难窥见——那就是鼓励胡适从海外归来，投奔新中国，从而为新中国的生气勃勃海纳百川加分。

此事的背景是：鉴于胡适在中国思想界文化界的地位和影响，当局一直对其情有独钟，一有机会就不忘将其拉入统一战线。1945年4月，联合国制宪会议期间，董必武曾受毛泽东委托，希望胡适在战后民主建国过程中支持中共。7月，毛再次通过傅斯年向远在美国的胡适转达问候，争取他对共产党的支持。对此，胡适也做出了积极的回应，并向重庆发了电报，托人面呈毛泽东。他在电报中规劝毛和共向英国工党学习，放弃武力，走议会政治之路。信奉"枪杆子里出政权"的毛自然置若罔闻。9月，胡适被国民政府认命为北京大学校长，以此表示自己的政治立场。但中共对此并未灰心。1948年年底，中共在解放战争中逐渐取得优势的时候，国共两党在人才资源上也展开了一场没有硝烟的争夺战。时任北大教授兼东方文学系主任的季羡林就在其《为胡适说几句话》一文中回忆，当解放军包围北平郊区时，"我到校长办公室去见胡适，商谈什么问题。忽然闯进来一个人——我现在忘记是谁了，告诉胡适说解放区的广播电台昨天夜里有专门给胡适的一段广播，劝他不要跟着蒋介石集团逃跑，将来让他当北京大学校长兼北京图书馆馆长。我们在座的人听了这个消息，都非常感兴趣，都想看一看胡适怎样反应。只见他听了以后，既不激动，也不愉快，而是异常平静，只微笑着说了一句：'他们要我吗？'短短的五个字道出了他的心声。看样子他已经胸有成竹，要跟国民党逃跑，但又不能说他对共产党有刻骨的仇恨。不然，他决不会如此镇定自若，他一定会暴跳如雷，大骂一通，来表示自己对国民党和蒋介石的忠诚。我这种推理是不是实事求是呢？我认为是的"。而在1949年5月11日，《人民日报》上，又发表了胡适的老朋友、史学家陈垣《北平辅仁大学校长给胡适的公开信》。此信首先介绍了他对当时中国社会的感受："人民在自由地生活着，青年们自由地学习着、讨论着，教授们自由地研究着……"目的是劝说胡适"你应该正视现实，你应该转向人民，幡然觉悟……希望我们将来能在一条路上相见"！很显然，曹聚仁这封信不过是这一统战线的延续，都是想通过"朝气蓬勃的新中国"的新气象让胡适回国，为统一战线的伟大成就添砖加瓦！

更有意思的是，曹聚仁还在他做的《鲁迅评传》中对假如鲁迅活着或胡适回到大陆后的命运做出了自己判断——在书中，他这么写道：

有一个有趣的题目，摆在我们的面前，便是：鲁迅假使活到现在，中共对他会如何？他对中共将如何？照胡适的说法，他是看了胡风被清算了，认为鲁迅也不免于被清算被斗争的。我呢，觉得胡适到了纽约，毕竟坐井观天，他是不懂得中共的政策的。我敢断言胡适留在北京的话，决不会被清算的，他还是做他的历史研究；他的红学的考证，一定更有收获；生活也许清苦一些，但他的生平志愿，一定可以完全达到了。中共对于"人尽其才"，这一点是做得很不错的。鲁迅先生在现在的话，他的创作，将有什么成就，我不敢说。他的学术研究，一定有惊人的收获，那是可以断言的。至少，他那部中国文学史，一定可以写成的了。至于思想上的自我批评，一向是很勤奋的，他那回受了创造社的攻击，便努力研究社会主义的文艺理论，一下子，就搞得比他的敌手们还通些。他如若活在现在，他可以替中共政权建立新的文艺理论的（我们要明白：中共的政治路向，也是建立了自己的北京路线，并不依存于莫斯科路线的）。

从他的这一判断，我们就不难看出胡适说他是"妄人"是多么的言语道断不容分辩——且不说一直跟当局格格不入的所谓"资产阶级反动文人"胡适，就那一直被毛泽东评价为"中国现代圣人"的鲁迅来说，活到新中国成立后真的能如曹聚仁所设想的那样吗？鲁迅公子周海婴在《鲁迅与我七十年》一书中就曾披露："1957年，毛泽东到上海，召集周谷城、罗稷南等湖南籍人士座谈，罗稷南当时问了一个问题：'鲁迅如果还在世，他会怎么样？'毛泽东当时考虑了一会儿，然后说：'鲁迅如果生活在今天，或许是坐在牢里继续写，或许是识大体不作声。'罗稷南当时吓了一跳，不敢再说这个话题。"胡适回来会怎样，也就可想而知了！

不要说胡适本人留在大陆会有怎样的刀光剑影等着他，就是胡适留在大陆的儿子其结局也足以教人唏嘘。1948年12月14日，蒋介石两次亲自打电报给处于解放军围城中的胡适，让他飞往南京，并派专机迎接。胡适决定携家南下，这时胡适的小儿子胡思杜却表示要留在亲戚家，不愿随父母南行。就这么着，这个追求进步的儿子留在了北京。

1950 年 9 月 22 日，胡思杜在香港《大公报》（之所以在香港，当然是为了给胡适看到）发表《我的父亲——胡适批判》一文，文章宣称，自己刚被送入华北革命大学时，仍认为父亲"作恶无多"。但经过"学代选举前两次检讨会，他了解在这个问题上自己仍是站在反动的臭虫立场。结合《社会发展史》、《国家与革命》、《中国革命简史》的学习"，他幡然醒悟，自己的父亲原来是"反动阶级的忠臣，人民的敌人"。而这个敌人"始终在蒙蔽人民，使人民不能早日认识蒋匪帮黑幕，不能早日发现美帝狠毒的真相；并替蒋匪帮在美国筹计借款，出卖人民利益，助肥四大家族，巩固蒋匪政府。这次出走，并在美国进行第三党活动，替美国国务院掌管维持中国留学生的巨款（四百万美元，收受这笔款的人大都是反动分子，民主个人主义者的资助和养成费），甘心为美国服务"。又说："在他没有回到人民的怀抱以前，他总是人民的敌人，也是我自己的敌人，在决心背叛自己阶级的今日，我感受了在父亲问题上有划分敌我的必要。"对此，胡思杜表示，除了在思想上划分敌我，还要在个人感情上划分敌我，即与胡适脱离骨血相连的父子关系。

即使这样大义灭亲，最后也没有逃脱覆灭命运。在华北革命大学学习结束后，胡思杜被分配到唐山铁道学院马列部出任历史教师。此时的胡思杜积极、努力地工作，想为一不小心成了美帝"走狗"的父亲"赎罪"，同时还想加入中国共产党。只是组织上一直处于考验之中，加之全国上下正在批胡适的反动思想，使他受到连累，梦想迟迟不能成真，一拖就是几年。到了 1957 年，全国兴起了"反右"运动，不明就里的胡思杜开始积极、主动地给他所在院、部领导提教学改革建议，于是一顶"右派"帽子从天而降，遭受重创的胡思杜想不通自己早在几年前就已经公开宣布和父亲划清了界线，为何此时又把自己与这位"人民的敌人"捆绑在一起公开示众且口诛笔伐？在一系列不解与恐惧中，胡思杜精神崩溃，约于 1957 年 9 月 21 日晚上吊自杀，年仅 37 岁，死时光棍一条。

"进步"的儿子，结局如此；"反动"的老子，能像曹聚仁断言的那样吗？

说曹聚仁是"妄人"，这不仅体现在他对鲁迅、胡适在新中国成立后命运的判断上胡思乱想，还表现在他对当时发生在大陆的一些重大事件——比如"反右"——上的胡说八道。

曹聚仁在 20 世纪 50 年代曾数次以记者的公开身份回大陆，并写了一系列文章，后结集为《北行小语——一个新闻记者眼中的新中国》一书出版。

一场陷几十万中国知识分子于万劫不复深渊的"反右"运动，在其书中居然被称为"和风细雨"、"非常温和"，好像就开了两次会罢了几个官！

更为奇特的是在《海外人士注意的右派分子》一文中，曹聚仁还白纸黑字地说道：这些右派分子"一部分是劳动教养。我们所熟悉的一些文艺界朋友，在北大荒国家农场锻炼自己。说起北大荒，一些海外论客就跳起来了，且慢，记者是心甘情愿想到北大荒去的，那儿即算不是天堂，也可说接近天堂了"。我们不妨来看看被发配到北大荒的右派聂绀弩笔下的"天堂"是怎么样的——在《北荒草》中，有《搓草绳调王子夫妇》写道：

冷水浸盆捣杵歌，掌心膝上正翻搓。
一双两好缠绵手，万转千回缱绻多。
缚得苍龙归北面，绾教红日莫西矬。
能将此草绳搓紧，泥里机车定可拖。

还有《拾穗同祖光》一首云：

不用镰锄铲镬锹，无须掘割捆抬挑。

一丘田有几遗穗，五合米需千折腰。

俯仰雍容君逸少，屈伸艰拙仆曹交。

才因拾得抬身起，忽见身边又一条。

虽然这些诗都以幽默出之，但他们在北大荒的艰难劳作，还是一目了然的。可是，这一切到了曹聚仁笔下，却居然"即算不是天堂，也可说接近天堂了"！天堂天堂，劳改地云乎哉？！

"妄人"一词出自《孟子·离娄下》："此亦妄人也已矣。"在唐代韩愈《唐故昭武校尉守左金吾卫将军李公墓志铭》一文中有"上即位，以先朝时尝信妄人柳泌能烧水银为不死药荐之"。曹聚仁的上述言论不就跟"能烧水银为不死药"如出一辙么？

胡适到底不错。

2011/6/13

老舍的《春华秋实》与“大炼钢铁”

1952 年年初，“三反”、“五反”运动正在如火如荼地进行，著名作家老舍接到国家领导人命题，要他就这运动写一个剧本来反映这场斗争的“伟大现实意义”与“深远历史意义”。本来，运动都还没有结束，就讲它的什么意义，有点预搔待痒——孩子还没生出来呢，谁知道他或她是什么鬼样子？再说，老舍作为一个文人，对政治也几乎一窍不通，要他来写一场正在轰轰烈烈进行的政治运动，那可真有些赶着鸭子上架。可听惯上头话的老舍还是应承了，并很快写出反映这个运动的剧本《两面虎》（后改名为《春华秋实》）。5 月 14 日由北京市市委宣传部部长廖沫沙将剧本交给北京人艺副院长、导演欧阳山尊，由此开始了长达一年多的修改过程。老舍为此改写了 12 遍稿子——光尾声就改写了 6遍！而据他儿子舒乙介绍，每改一遍都是从头写起，因此，现存该剧遗稿的文字量就有五六十万之多！那么，为什么这样改来改去？又究竟改了些什么东西？改了之后是不是就锦上添花臻于完美了呢？

1953 年元旦刚过，北京市委及文艺界领导彭真、胡乔木、周扬、吴晗就来审戏。他们看完彩排之后，先说了一番这个戏有基础，让人看来如身临其境的客气话后，就开始提意见了。他们说：在这个戏里缺少正义力量上的描述，工人在戏中不要以资本家的客人身份出现，工会主席丰富的斗争经验少些，气派较小，没有比较积极充满希望的描写。胡乔木就更是"无微不至"地指出：尾声要重写，第一幕要加一场工人的戏，"老虎窝"整场戏去掉。上级领导这么一说，剧院领导当然不敢等闲视之。于是，第二天，院长曹禺、总导演焦菊隐、党委书记赵起杨就风驰电掣地赶到老舍家中传达指示商讨贯彻，一直谈了两天才有个初步修改框架。老舍赶紧据此写出能体现领导旨意的新剧本，并在 1 月 29 日向人民艺术剧院全体演员通读。大家听了，意犹未足，也"和尚摸得，我也摸得"地继续大提意见——据人艺老演员于是之在《剧本》1956 年第 7 期撰文介绍，当时就有演员建议老舍要在剧中写检查组活动，要加进工人斗争活动，以此加强"党的领导"——"群众的眼睛是雪亮的"，老舍也不能不听，于是又重写了第二幕。到 2 月 5 日，曹禺带着一些演员到老舍家听他改写后的尾声，又不满意，又要他改。可怜老舍这位"人民艺术家"，又只得答应照大家意见改。

这么像初学裁缝的人一样对剧本改来改去，总算有个眉目了吧？可，在 2 月 6 日全院开大会讨论这个剧本时，又节外生枝：有人突然对剧本主题不满，要求改。怎么改呢？大家议论纷纷，个个都有高招。于是这主题也就由最初的"打老虎"改为"为团结而斗争"，再改为"为保卫胜利果实而斗争"，最后确定为"用大公无私的集体主义工人思想"来反对"资产阶级的个人主义、唯利主义的思想"！主题一变，整个剧本当然也就要推倒重来。老导演欧阳山尊甚至提到过这么一个细节："老舍在剧中写了一个跑外的类似采购员的人物。有一个采购员提意见说，我'五反'前不会偏向工人说话，我会偏向资本家。老舍马上把剧中的对话改过来。"不特此也，为了在剧中"真正反映人民群众的真实思想"，

老舍

剧中工会主席的报告台词，直接采用了大众铁厂工会主席刘守中的发言稿；剧中关于卓娅的台词也是根据演员到学校体验生活时从一个女中学生日记中整理出来的……总之，只要你是"人民群众"，你就都可以往这出剧里输血打气添油加醋！这么七手八脚地弄一个剧本的情形，让人不禁想到当年"大跃进"时的土法炼钢——这样人人上阵个个点火，乌烟瘴气的，能炼出什么好钢？胡乔木看到剧本越炼越不像样，也着了急——可是他着急的办法是自己也拿着铁锹加入炼钢大军之中。2月5日，他在给老舍的信中这么写道：

> 我只觉得很多地方太老实了些，直率的教训（如工农联盟、工人是主人翁、"五反"是如何伟大等）的复述过多了，味不足。我以为写工人的一场，要在工人之间有些先进后进之间的争论，作为后来发展的伏线，并且还要有更多的人情味。'五反'的一场也有些伏线，有些耐人寻味的幽默。尾声要回顾全剧和后面几场的人物、事件，对话要安排一些可以的对照和照应，包括工人、职员、经理和经理的女儿（可否入团？），结束最好有两个工人或工人与他的乡下亲属的回忆。在这里工人表露出对于前途富于感情而又富于象征的展望（例如《樱桃园》或者《曙光照耀着莫斯科》），造成气象万千、悠然不尽之致。这样的尾声才有力量，足以笼罩全局，不致让人看着觉得事情容易到天真和再没有文章可做的地步。而且也可以不在对资本家的出路上太过费心，以至限制了戏剧的意义和生气。

这么讲了，觉得意犹未尽还需点拨，就又来了一封信，其中有云："你的优美的作品必须要修改，修改得使真实的主人翁由资本家变为劳动者，这是一个有原则性的修改。"为了让老舍真正了解"三反"、"五反"运动的意义，他在信中耳提面命："这个斗争，依我看是中国工人阶级在新中国成立后对资产阶级的第一个回合，工人阶级在这个回合中打退了资产阶级的进攻而巩固了自己的地位（也就是自己的前途），并不是只为着叫资产阶级改邪归正，因为斗争还要继续，和团结还要继续一样，而资产阶级在历史上——因此也在艺术作品中——都不会永远存在……我以为这样，才真正写到了1952年斗争的中最本质的东西。"收到这样的信，老舍心情可想而知：恐怕只有第一次写作文的小学生作文交上去后吃语文老师一顿劈头盖脸的臭骂才能够与之相比！老舍当时的反应是：把来信的要点抄下来后迅速送往欧阳山尊手中——"请向朋友们传达为盼！"而他自己仍关门在家照最新指示埋头修改，鞠躬尽瘁，死而后已！

这种"大家齐动手一块儿炼钢铁"的情形甚至到了这种地步：便是这出戏的名字也不能由老舍说了算，得由群众说了算。于是在公演之前，剧院就从60多个暂定剧名中挑出34个，印在一个单子上由"眼睛雪亮"的群众挑选。这些名字有这样一些花色品种：《保卫胜利果实》、《明天更美丽》、《更上一层楼》、《为人民服务》、《在一九五二年》、《气象万千》、《邪不压正》、《在"五反"运动中》、《铁的锤炼》、《在一家私营铁工厂》……纯粹大白话加大粗话。在这点上老舍倒真犯了犟，他坚决不改，就要用《春华秋实》。最后，在周扬的支持下，才保住了这个他自己喜欢的名字——也幸亏他犯犟，不然，这出剧中真怕连最后一点"文意"都给"炼"掉了。

最后，周总理也出面了，据舒乙回忆："一天，周恩来看了第九稿彩排，觉得不行，就把父亲请去，说了这么一个意思：我要跟你彻底讲一下我党对民族资产阶级的政策，过去讲得不透彻，现在运动结束了，我们应该明确讲出全部内容，你按照我讲的定论重新写一遍，要很艺术，不要公式化。背后要贯彻政策，让人们领会团结、斗争、改造的政策。"这么着又改了几次总算合格，可以公演了。

这出剧的包容百家与斑驳陆离，我们也可以从它演出后剧院给各位领导人的感谢信中看出：比如给周恩来的——"我们记得您是怎样在百忙中冒着寒冷的天气，光临我们的小排演厅，耐心地看我们的彩排和具体指示我们的修改意见，我们也听到您是怎样抽出整个下午的时间约我们院长、剧作者和导演去详谈。"给彭真的——"您在百忙中一再挤出时间来看我们彩排，您冒着寒冷的气候，在我们小排练厅里，耐心地看到深夜，一面看一面提意见。看完了回去后，还打电话给我们，告诉我们您在归途中所想起的意见。"给胡乔木的——"您在百忙中，亲自指导我们彩排，亲自审阅剧本，亲自考虑剧名，并一再写信给作者老舍先生，提出具体修改意见。您在养病的当中，还约了作者与导演到医院中去仔细研究、谈话。……在您的具体指示下，剧本的政治、艺术水平都提高了一步。"给周扬的——"当我们的戏在困难的阶段里，您在百忙中抽出时间，亲自一再看我们的戏，不但给予政策思想上的指示，而且对创作上、表演方法上以及舞台美术方面的问题都给予具体指示。正因为您对我们的这种关怀，才使我们这个戏的主题思想得以正确地表现，使我们塑造人物形象有了依据，因而使这个节目能较完整地及时地和观众见面。"

那么，这样群策群力弄出来的东西如何呢？我们可以看看老舍自己事后对它的评价："给运动做结论——不管交代什么交代多少，总是交代，不是戏！这是致命伤！"而在创作谈《我怎么写的〈春华秋实〉剧本》一文中他又这么写道："主要原因是自己生活不够丰富，而又急切地要交代政策，唯恐人家说：'这个"老"作家不行啊，不懂政策。'于是，我忽略了政策原本是从生活中来的，而去抓政策的尾巴，死不放手——（写成了）面色苍白的宣传品。"

在这创作谈里，老舍承认自己"包容百家"的这劳什子不是什么好作品，而只是"宣传品"，这当然是有自知之明的表现；而说这原因是自己"生活不够丰富，而又急切地要交代政策"也不错，可这原因不止于此——还有个更重要的原因，老舍没有谈，在当时也不敢谈，那就是：领导非要自己写这自己并不熟悉的题材，还要自己在剧本中装这么多观众不会感兴趣作家也不感兴趣而只有领导会感兴趣的政策！

据说，抗战期间，国民政府军委会副参谋总长白崇禧偶然看到中央大学的文学教授、著名学者乔大壮的一篇文章，一时好为人师就在上面改了几个字。对领导的这种"关怀"，乔大壮可不买账，当着对方的面就翻脸："阁下是参谋总长，我是中央大学文学教授，各有一行。如若你能改我的文章，我也改你的作战计划，行不行？"白崇禧哑口无言，只得把原稿再改回来。这个故事值得那些喜欢对作家或学者的作品进行无微不至"关怀"的领导们记取。

这个将剧本当钢铁来大炼的故事也让我们想起著名艺术家赵丹的临终遗言：管得太具体，文艺没希望。

2002/1/23

余秋雨与周汝昌

把这二人扯在一起，好像有点风马牛不相及——当然，要硬扯也不是不可以：据说一个是"文化大师"，一个是"红学大师"，就都是"大师"这点上，他们还真能排排坐吃果果。不过，我把他们放在一起不是因为这个，而是因为——您接着往下看吧。

且说余秋雨余大师当年混迹在上海赫赫有名的写作组"石一歌"中，大写其帮派文章。当年我上小学时读过的一本叫做《鲁迅的故事》的小册子，就是这"石一歌"的杰作——因为这个小组有11个成员，所以谐音为"石一歌"。不过，因为这册子是集体署名，所以，现在也实在弄不清这《鲁迅的故事》中那些添的油加的醋究竟是这11个人中谁的手笔——也许，谁都弄过两勺，谁都可以不对这锅色香味俱全的靓火汤负完全责任。所以，30多年后，当有人追究那专写云里雾里的"文化散文"的大师余秋雨在"文革"时混迹"石一歌"当中，大写其"添油加醋移花接木甚至无中生有"文字的历史，并斥责"余秋雨，你为什么不忏悔"时，余大师游刃有余地表示"只要能出示我用'石一歌'名义写过任何一篇、一节、一段、一行、一句有他们指控内容的文字，我立即支付自己全年的薪金，作为酬劳，同时，把揭露出来的文字向全国媒体公开"。五年之后，余秋雨又信心满满扬言："十几年来，他们一直在造谣说我在'文革'里面参加一个叫'石一歌'的组织。我悬赏了600天，任何人能够指出我用'石一歌'的名义写过一篇、一段、一行、一句他们指控的文字，我就奖给他我全年的薪水，这事由上海的律师协会的监事长来执行。600天，结果没有一个人能指出，可见这彻底是谣言。但奇怪的是，直到今天，他们还是这么说，永不改口，又永不出示证据。"还在自己博客里说："我自己也非常得意：轻轻竖起小指，点哑百门臭炮。"的确，这"石一歌"是个"集合概念"，其中的任何一个人都不足以代它出来负责。你更不可能找到一篇"石一歌其中之一余秋雨"这样奇怪的署名文章来向余大师讨要他悬赏的那"全年的薪金"！

其实，就是一篇文章具体有人署名了，那位"有人"先生也可以大模大样地讲这文章其实也是集体智慧的结晶。你要不信，我们就来看看另一个大师的往事。

1958年12月28日《光明日报》的《文学遗产》副刊上，有一篇署名周汝昌的《读〈宋诗选注〉序》。这是一篇批评钱锺书先生《宋诗选注》"序"的文章，内容很是生猛，既批评了钱先生审美趣味低下，没有唯物主义眼光，不同情人民的疾苦，小资产阶级本性作怪；更慧眼独具地抓住《宋诗选注》没有选文天祥的《过零丁洋》这件事不放，说钱锺书不选这首诗是因为其"不爱国"，还若隐若现地大谈什么我们要提防里通外国的异己分子云云。这当然是一篇跟后来"石一歌"诸多大作并驾齐驱的"咬人"文章。照说，署名也有，也没见周大师后来要求更正什么的。这应该是铁板钉钉，便是"大师"也无从辩解的事了。

然而，在《红楼无限情——周汝昌自传》（北京十月文艺出版社2005年版）中，有一节"青眼相招感厚知——怀念钱锺书先生"专门谈到这件事。周先生原文是这样的："那时该社领导人早都'黑'了，主管古典部的那同志最讲政治，紧抓运动最积极，在所出的书中，选定了钱锺书的《宋诗选注》是'白专'的大标本。于是组成了'批判小组'，要纷纷发言，务必分清'红'、'白'两条道路的大是大非。'批判小组'里，业务上管诗的是麦朝枢，我原是小说专业，但因也有了'诗名'，也安排在组内。在一个晚上，开会'批钱'。麦老广东人，口齿才能不高，讲'普通话'很不动听，我胜他一筹——天津人学说北京腔。大概就因此，我的'发言'就'好'了。但此乃内部运动。不料'组内'整理出一篇批判文章交《文学遗产》公开发了，而且使我异常吃惊的是不用'某社批判小组'的署名，竟落了贱名三个大字的款！"这里一怪麦老"普通话"说得不好，二怪自己在组内的发言怎么在报上发表不用"某社批判小组"的署名，可就是不肯承认自己那通对钱锺书《宋诗选注》"序"的批判是胡说八道是血口喷人，更没有真诚向无辜挨他这一通狗血的钱先生道歉——亏他还在文章最后写诗悼念钱先生——"天际星茫黯黯垂，大师辞世动深悲。避居名位名斯大，谢榜学门学自奇。落落管锥谦在己，茫茫中外后来谁。依稀五十年前事，青眼相招感厚知。"

　　看到这里，您该明白我为什么将这两位"大师"放在一起了。

2013/7/16

丝

绢

鲁迅洗脚洗出的问题

在中国，做名人是大家向往的事，所谓"一举成名天下知"是也。一个人一旦成名，就好像范进中举，那好处是"如滔滔长江水"。不过，福兮祸所伏，名人也自有名人的不幸——因为是名人，所以自己很多旮旮旯旯都会被那些不是名人的好奇者翻弄出来，对它进行无微不至的解释阐述，甚至移花接木。譬如，洗脚一事，要放在我们常人这里不就除除臭消消乏的寻常之举么？除了你的老妈或枕边人，有谁关心你洗脚的？可这事要放在名人那儿就不一样了：这寻常小事在他们那里可不寻常，有很多耐人寻味之处。鲁迅在洗脚这件事上就洗出了问题。

最早关心鲁迅这件事并行诸笔墨的，据我所知是浙江作家李庆西先生。在 1994 年 7 月 4 日《济南日报》副刊上，李先生发表了一篇题为《"夜濯足"》的文章，怀疑鲁迅日记中"夜濯足"乃"性生活"隐语，在文中也声明"这里说的个别情形倒也未可含糊过去……根据这一情况，人们揣测的那种意思似乎又不大可能"，还颇为心虚地表示："诚然，事情搞穿了，倘如证实'濯足'就是洗脚，没有别的意思，那倒也贻笑大方。"

然而,因为事涉鲁迅,又是直捣其"脐下三分",所以很多人都对此"性"意盎然,玩味再三。

譬如,作家莫言就在《洗脚的快乐》一文中对李先生这一看法颇为欣赏,并联系自己上长春"洗脚"(当然,没有过"性生活")的经历,说明"洗脚"的确可以洗出匪夷所思的花样。还有人因此讲鲁迅不尊重女性,把女性当自己某个器官的"洗脚水"。最有意思的是,有个观众在看一部关于赵丹的电视纪录片时,看到里面说赵先生经历"文革"磨难后,发疯般寻找机会演电影,电影是老艺术家的生命。赵先生为准备饰演鲁迅先生这个角色,下了很大功夫,几乎到了痴迷的程度。他会很长时间不洗脚。妻子问他为什么,赵先生说他有证据表明鲁迅先生很少洗脚。为了入戏,他也要跟鲁迅先生一样。妻子说不可能,鲁迅先生是学医的,不可能连这点卫生常识都不讲吧。这时,赵先生拿出鲁迅先生的日记,上面记着:某月某日洗脚。赵先生解释道,洗脚这样的事情,鲁迅先生为什么要专门写在日记里呢?这说明鲁迅先生是不常洗脚的。因此,赵先生为了演好鲁迅,也不经常洗脚了。这位先生于是大叫赵丹"搞错了"——说鲁迅洗的不是"此脚",而是"彼脚"云云。

事实上,把鲁迅日记中的"濯足"理解为"性生活"的说法是没有道理的。这点,李先生在自己文章中也承认,在鲁迅病中及逝世前一周的1936年9月21日和10月12日,鲁迅当天日记中都有"夜濯足"记载。当时鲁迅正在发烧,病情严重,当然不会有性生活的雅兴——在这种情况下,还认定此乃"性生活"隐语,则连李先生都觉得"那种意思似乎又不大可能"。我们还可以举例的是:鲁迅1915年至1918年独居于北京绍兴县馆时,日记中有"夜濯足"的记载,而在与许广平开始同居的1927年10月日记中反无"濯足"的记载——可见"濯足"与性行为并无关连。

如果我们再把目光放远一点,看看与鲁迅是同胞兄弟,生活经历也大有交集的周作人的日记，就更可以断定把他们日记中的洗脚视为性生活隐语是胡思乱想。

跟鲁迅一样，在周作人老年日记里，有许多"濯足"（周作人用的是"洗脚"）的记载，如在《周作人与鲍耀明通信集》中记有：

晴，四度，风。上午往街寄石柏泉书一册、徐纯芝信又书二册。得佟韦二十日信、聚仁寄港币百元，计四二元七角及供应票如例。下午往邮局寄佟韦信并文编一册，转交阿英。洗脚。晚理发师来……（1961年11月21日）

晴，零七度。上午往街寄人文社稿一件、静子信、吉明信并邮票、耀明信。得佟韦贺年片，下午托丰一寄安藤信航空。洗脚。晚得高伯雨十九日信、刘庆義廿五日信、滨一卫贺年片。（1961年12月27日）

晴，十一度。上午念新来访。换内衣。风。下午洗脚。托丰一寄陆丹林信又诗券并書の美一册、冰然、耀明信。晚得冯元亮一日信。（1962年5月3日）

……闻雷，天色阴晦，似欲下雨。洗脚。旋复日出，风也止息了。晚得百花出版社十六日信、高伯雨八日信。（1962年5月17日）

晴，二十度。上午得胡士方廿一日信、耀明廿三日信。试译野间宏小文，下午二时了，共约二千字。洗脚。三时三六度即华氏九十七度。（1962年5月30日）

……下午丰一为寄耀明信、冠五信。天气甚热，可穿单衣。洗脚。得施蛰存八日信……（1966年6月10日）

晴，廿一度。上午阅川柳岁时记。下午丰一为寄耀辰信系借钱也，耀明信。译书得一纸。洗脚。（1966年7月6日）

从周作人日记关于"洗脚"的记载来看，跟鲁迅的"濯足"如出一辙都是"月余甚至数月方有一次。一年内多则不过十数次，少则仅一二次",再考虑到他与鲁迅的关系,我们完全可以认为就洗脚一事,他们有可比性。那么,他这"洗脚"是不是——像李先生猜测的那样——"性生活隐语"呢?显然不是。理由有三:其一,周作人生于1885年,到20世纪60年代,他已经是七八十岁的老翁了,七八十老翁还不停过"性生活",且在日记中津津乐道,宁有是理?其次,周作人夫人信子于1962年4月8日逝世,如果周作人日记中的"洗脚"是"性生活"隐语的话,请问周作人1962年4月8日以后日记中的"洗脚"是跟谁"洗"?其三,日记中最后两次"洗脚"记载分别为1966年6月10日、7月6日,而据《回望周作人——知堂先生》的作者文洁若先生介绍:"1966年形势急转直下。出版社的业务陷于瘫痪。当时的'革命'措施之一,就是自当年6月起,停付周作人的预支稿酬。这项经济来源断绝后,周家就靠周作人长子周丰一夫妇的工资来维持。"此时的"洗脚",除了真正洗洗自己的脚外,还能洗其他什么"脚"?所以,结论只能是:周作人日记中的"洗脚"实际上就是洗脚,没有其他意思。以此来读鲁迅日记中的"濯足",也就不难思过半矣!

不过,虽然把鲁迅日记中的"濯足"理解为"性生活隐语"不足为凭,但是也不是没有一点依据——这依据就在于:在中国人的语言和心理中,洗脚和性生活的确有其隐隐约约的联系。

在中国第一部诗歌总集《诗经》中,就曾将脚与性联系在一起,譬如,《生民》诗云:"厥初生民,时维姜嫄。生民如何?克禋克祀,以弗无子。履帝武敏,歆,攸介攸止。载震载夙,载生载育,时维后稷。"《鲁颂·閟宫》诗又云:"閟宫有侐,实实枚枚。赫赫姜嫄,其德不回,上帝是依。无灾无害,弥月不迟,是生后稷。"据《史记·周本纪》记载:"姜原为帝喾元妃。姜原出野,见巨人迹,心忻然说,欲践之,践之而身动如孕者。"简言之,姜原所以怀孕,就是因为她用"脚"踩了巨人的脚印,按闻一多的说法,则"履帝武敏"只不过是对野合的美称(见闻一多《姜嫄履大人迹考》）。姜嫄的故事，可能是中国历史上第一次将人的双脚与性及生育联系在一起的记载。所以说"洗脚"为性生活隐语，也算师出有名。

在过去，还有所谓"同靴"之说。"同靴"，意指两个男人共有一个女人。如李宝嘉《官场现形记》第三十二回"写保折筵前亲起草　谋厘局枕畔代求差"中，便有这么一段："黄在新……因见余荩臣正当厘金局的老总，便想谋个厘局差事，托了几个人递了几张条子，余荩臣尚未给他下落。他心上着急。幸喜他平日也常到钓鱼巷走走，与余荩臣有同靴之谊。"钓鱼巷是个烟花之地，黄在新和余荩臣同泡一个妓女。又如古龙的《绝代双娇》："李大嘴咧嘴一笑，道：'算不清就慢慢算，反正你们（白开心和白山君）是同靴的兄弟还有什么话不好说呢？'"白开心娶了白山君的老婆白夫人，所以两人是同靴的兄弟。所以，有人断言"同靴"与"濯足"，都可以视为把男人的性器官比作脚。

在日常用语中，似乎也有这样的用法。前段时间，笔者在路上硬被人塞了一张春药广告，上面在介绍该药功效时，赫然写道："女人吃出爱情水，男人吃出三条腿"，直接将男性器官比喻为"腿"（脚）。李敖在《国民党与营妓》一文中写道："国民党设立'军中乐园'的自我宣传德政之一是，他们可以防止性病，但事实上却成效不彰……'军中乐园'虽然要求阿兵哥要戴卫生套，但是很少有人愿意。有一次，蒋经国问一个得了性病的老兵：'你为什么不戴保险套？'老兵夷然答曰：'报告蒋主任，你穿袜子洗脚吗？'蒋经国闻之语塞。"这倒是直接将"洗脚"跟性生活联系在一起的例子。

总之，说鲁迅日记中的"濯足"是"性生活隐语"，虽然查无实据，倒也事出有因。

2010/7/8

刘大杰古文标点冤案

我们知道，古人写文章是不用标点的，一股脑儿写下来，无所谓标点。这一来，他本人是省力省纸了，可别人读来就麻烦了：你得先把他文章断句（古人称之为"句读"），然后再读。韩愈在《师道》中有所谓"句读之不知，惑之不解，或师焉，或否焉。吾未见其明也"，这里的"句读之不知"就是指没办法断句。鲁迅也曾在《点句的难》一文中这么说：

前清时代，一个塾师能够不查他的秘本，空手点完了"四书"，在乡下就要算一位大学者，这似乎有些可笑，但是很有道理的。常买旧书的人，有时会遇到一部书，开首加过句读，夹些破句，中途却停了笔：他点不下去了。这样的书，价钱可以比干净的本子便宜，但看起来也真教人不舒服。标点古书，印了出来，是起于"文学革命"时候的；用标点古文来试验学生，我记得好像是同时开始于北京大学，这真是恶作剧，使"莘莘学子"闹出许多笑话来。这时候，只好一任那些反对白话，或并不反对白话而兼长古文的学者们讲风凉话。然而，学者们也要"技痒"

的，有时就自己出手。一出手，可就有些糟了，有几句点不断，还有可原，但竟连极平常的句子也点了破句。

在鲁迅举的例子中，最有名的就是当时的学者刘大杰所标点的《袁中郎全集》中，将"色借日月借烛借青黄借眼色无常声借钟鼓借枯竹窍借……"点做"色借，日月借，烛借，青黄借，眼色无常。声借，钟鼓借，枯竹窍借……"（正确点法应当是"色，借日月、借烛、借青黄、借眼，色无常。声，借钟鼓、借枯竹窍、……"）鲁迅嘲弄道："借得他一塌糊涂，正如在中郎脸上，画上花脸，却指给大家看，啧啧赞叹道：'看哪，这多么"性灵"呀！'对于中郎的本质，自然是并无关系的，但在未经别人将花脸洗清之前，这'中郎'总不免招人好笑，大触其霉头。"（见《骂杀与捧杀》）不过，我们要平心静气地一想，如果我们自己去点，是不是也会出错？

不过，据陈四益先生的《臆说前辈》讲，其实，刘大杰是吃了将名假人的亏。陈先生道："……明白底里的朋友告诉我，那本由时代图书公司印行的《袁中郎全集》的标点，其实并非出自大杰先生之手，而是一位从事革命活动的朋友（也是一位文化界名人），因生活无着，借大杰先生之名，标点此书，弄几文稿费谋生的。"那么，这位"文化界名人"是谁呢？在《臆说前辈》另外一篇文章中，陈四益为我们揭开了谜底。此人原来是阿英：

> 我听友人告知的情况恰恰相反：刘大杰先生曾说过，标点是阿英搞的，他那时从事革命工作，经济上比较拮据，需要找点事换点稿费，但他不好公开露面，所以名字用的是刘大杰。至于标点的疏漏，可能是因为革命工作繁忙，无法静下心来的缘故吧。解放后，此事已成过去，刘先生从不愿谈及此事，只对几位非常熟悉的朋友谈过内情。

至于刘大杰为什么不把此事公之于众，却自己数十年如一日地背这黑锅，有人认为："刘大杰不是不愿说，而是不敢说。既然对方是'从事革命活动的朋友'是'文化界名人'，是来头不小背景显赫的角色，刘大杰哪敢说破？如果冒名顶替者是个身份卑微的无名小卒，而刘大杰仍然这样坚持将黑锅一背到底，我当然会像陈四益先生那样从中'看到了大杰先生可敬的一面'，而现在，冒名顶替者是个很有背景的角色（名望与身份均不在刘大杰之下），愚钝如我者就很难断定，刘大杰是出于大度主动去背这个黑锅，还是出于胆怯被动去背这个骂名的。考虑到冒名顶替者的显赫身份，考虑到刘大杰的生性软弱，我认为后者的可能性远远大于前者。"也就是说，刘大杰是吃了"名与器不可假人"的亏！

在前面的引文中，鲁迅曾说过："前清时代，一个塾师能够不查他的秘本，空手点完了'四书'，在乡下就要算一位大学者。"这的确是过来人的甘苦之言。在《大学》的开头，有这样一段："知止而后有定定而后能静静而后能安安而后能虑虑而后能得。"这段话的正确标点应该是"知止而后有定；定而后能静；静而后能安；安而后能虑；虑而后能得"。可前清时代，有个秀才就把它点成这样："知止而后有定定，而后能静静，而后能安安，而后能虑虑，而后能得——"点到这里，他奇怪了：因为照他这种点法，后面必须要再有个"得"字才成呵。可，文中偏偏没有。于是他道："此处何夺一得字？"（"这里怎么少了一得字？"）还有个秀才将这段话点做"知止而后有，定定而后能，静静而后能，安安而后能，虑虑而后能，得——"也奇怪：怎么多出一个"得"字来？于是他自作聪明道："此衍一字耳！"（"这里多印了一个字！"）

看一个人的国学基础，其实很简单，随便拿一段古文叫他断句——在抹抹涂涂中，就能把他的真实水平给涂抹出来。这是"恶作剧"，也是真功夫。

2005/2/13

钱锺书不厚道？

　　大才子小文人余杰的文章我一向不喜欢——尤其不喜欢他在文章中
对钱锺书先生说三道四。因为看他这些批钱的文章，你会明显地感到他
根本就没有读过——至少，没有读懂过钱锺书的文章。一个没有读过或
读懂过别人文章的人，却意兴盎然地对人家的文章说三道四，这种情形
用钱先生的话来说就是"无米而炊不病而呻，诚才子也"。

　　譬如，他在《压伤的芦苇》中一篇题为"走不完的五四路——在北
京广播学院的演讲"的文章中，就这么表达了他对钱锺书小说《围城》
的不满：

　　钱锺书写作这本长篇小说的时候，正是中国抗日战争最最艰难的时
刻，中华民族面临一个亡国灭种的时刻。作为中华民族优秀的青年知识
分子之一，从海外留学回来不久，就写了这么一本书，在书中对中国社
会各个阶层、方方面面的、几乎所有人，都持一种讽刺和调侃的态度。……
你对那些艰难承受历史苦难的人，都以一种事不关己的旁观者态度，来
进行刻薄的调侃，我就觉得这种思维有很大问题。何况还有人说，《围城》

小说的人物，影射了当时在流亡的西南联合大学若干与钱锺书不合的作者，如果真是那样，那我认为作者就太不厚道。

　　且不说他这番在国家"亡国灭种"之际就不能对自己民族的"方方面面"进行"讽刺和调侃"的理论让人觉得和当年蒋介石先生"攘外必先安内"的"基本国策"貌合神离；也不说没征求人家本人同意，就硬派钱锺书做自己心目中的"中华民族的有的青年知识分子"是不是过于专制。就是这段话中涉及的一些基本史实的错误就叫人对这位以治近代文学为专业的新锐文人的学问感到不放心：查钱先生写作《围城》始于1944年——此时据钱锺书"从海外留学归来"之1938年已6年，而在报上公开发表则是1946年2月25日《文艺复兴》之1卷2期——此时据钱锺书回国更是过了8年，怎么算也不能谓之"从海外留学回来不久"吧？如此不顾事实地胡说八道，怎么能让人对你在此"事实"上做出的结论放心呢？"何况还有人说，《围城》小说的人物，影射了当时在流亡的西南联合大学若干与钱锺书不合的学者，如果真是那样，那我认为作者就太不厚道。"——"有人说"，有谁说？"如果真是这样"，如果不是这样呢？做学问，下断语，能够用这种滑头与不负责任的态度和语气么？而且，现在人们也基本可以断定：《围城》一书，就是有影射，那影射的也不是什么"西南联合大学若干与钱锺书不和的学者"，而是位于湖南安化县蓝田镇的国立师范学院的人事。[1] "如果真是这样"，那余杰断定《围城》是"影射了当时在流亡的西南联合大学若干与钱锺书不合的学者"，并进而断言作者"太不厚道"之论，才真是"太不厚道"了——基本事实都没搞清楚，就乱下断语，能不叫人感到厌恶么？

　　在同一篇演讲中，余杰还提到：

　　　　[1]　可见《今晚报》1991年5月29日"《'围城'与'国师'》"一文，亦可见李洪岩《智者的心路历程——钱锺书的生平与学术》一书中第七章。

前两年，某刊物上发表了一篇文章，对钱锺书在《管锥编》中某些学术观点提出批评。这是两个山东的青年学者。两个刚刚毕业的博士联名写的短文。……据说，钱锺书让夫人杨绛女士通过特殊渠道，把这篇批评文章送给一名政府高级官员。然后，通过这个高级官员来对这两名青年学者进行打击和压制，导致他们的职称评定被冻结。我认为这样做就成为一个"学阀"了。钱锺书已经有了尊崇的学术地位，不应该做这样的事情。从这个事情当中，也可以看出中国知识分子在人格上的内在的缺陷性。

如果这事是真的，当然可以认为钱锺书是"学阀"，也可以看出什么"缺陷性"，然而，是吗？能推出这么重要结论的事实，我们也只看到才子提供的"某刊物"、"某些学术观点"乃至某"两位青年学者"，更让人啼笑皆非的是跟上面的"有人说"一样，他这儿用的是"据说"……就在这么一大堆让人把握不住琢磨不清的"事实"下，他得出了钱锺书是"学阀"的结论，还看出了以钱锺书为代表的中国知识分子"内在的缺陷性"——这样"胆大于身，颜厚于甲"的"才子"真叫人不知该怎么恭维他才好！谓之"不厚道"，也许太轻了。

其实，对钱锺书或《管锥编》稍有了解的人都会明白：钱先生根本不会对两个对他学术观点提出不同看法的青年如此大动干戈——连这点学术自信都没有，他还能成为钱锺书？至于钱锺书不会也不屑做"学阀"，我们也只需看看他对"学阀"的态度就可以明了。吴忠匡先生在《记钱锺书先生》一文中就曾提到："1979年初锺书来信，指摘北京某一刊物：'某君所主编之《诗选》，为人撰文指摘其常识性谬误数十条，去夏投稿，迄今不敢发表，亦不退还，而托人疏通，如此俳张，殊堪骇笑也。"后来，当他知道吴先生一篇稿子被审稿人某名公大意遗失后，又这么给吴先生写了一封信："大稿为某公玩忽遗失，骇怒不已。此等人身名稍泰，便全忘却寒士辛苦，轻心易念，师承杨氏为我之学。无间地狱之设，亦为若辈也。"不久，又来信："近参加一集会，此公亦在，兄恶其轻心易念，未与交一语，想渠不知兄为弟事芥蒂，必以为兄为铁牛做官拿身份矣。"

海外作家梁厚甫曾有名言："资本与知识都是好事，但不能与人身结合起来。一与人身结合起来，多少有点令人讨厌。把资本与人身结合起来，便变成为资本家，便变成为恃富欺人。把知识与人身结合起来，便变成为才子，变成为读书人，恃才傲物，同样让人望而生厌。"如果身为才子，而知识又不可靠，则其讨厌，自当加倍矣。

2003/2/23

鲁迅与酒

    读过一点鲁迅的人都知道，鲁迅与酒有点不解之缘：他自己喜欢喝一点酒——后来创造社的人还因此讽刺他"鲁迅这位老先生——若许我用文学的表现——是常从幽暗的酒家楼头，醉眼陶然地眺望窗外人生"什么的，仿佛鲁迅的作品都是靠喝酒喝出来的。这当然不是空穴来风，鲁迅在自己的《自嘲》诗中也有"破帽遮颜过闹市，漏船载酒泛中流"的句子，而且，在写《阿Q正传》写到阿Q被捉进监牢时，因为自己没有坐牢的经历，怕写不像，还曾准备喝点酒然后借酒闹事，去街头打下巡警以得到坐牢的"机会"；在与许广平的交往中，也曾借酒蒙面表情达意……当然，鲁迅虽然喝酒，可他并不酗酒，原因他自己也曾讲过。他说自己的父亲过去就曾酗酒，一喝醉了，就滔滔不绝地骂家人。父亲骂得是津津有味，可家人却听得心寒如冰。因为受到过这么大的伤害，所以鲁迅从那时起，就在心中发誓自己长大后绝不像父亲这样酗酒骂人，只图自己痛快，却不管这痛快给别人带来的痛苦。总之，把鲁迅和酒连在一块儿不算牵强，如果硬要深挖细找的话，那写一本《鲁迅与酒关系初探》的书，也不是什么难事。可，正跟鲁迅自己说的一样：文学家既写文章，也性交什么的。如果我们只取他后面这一点，将他的照片贴在妓院墙上，而后封他为性交大师——这虽然事出有因，可未免过于穿凿附会冤枉好人。

可，同样穿凿附会的事就发生在了鲁迅的身上。因为他生前喜欢喝一点酒，所以现在一家酒厂和鲁迅的后人就达成协议，准备生产一种叫"鲁迅酒"的酒推向市场。他们向工商部门申请商标专利，结果工商部门认为此举有损鲁迅声誉而加以拒绝。这事引起了一场争论。

我想，鲁迅自己恐怕是不愿做这样的"商标"的——20世纪30年代，鲁迅曾因为有人在自己主编的刊物上大做一种什么可以防止遗精的药物广告而对刊物老板提出抗议：认为自己主持的刊物不应该登这样不严肃的广告，并因此还要辞职什么的——一个连在自己主持的刊物上登与发财有关的广告都要抗议的作家会允许把自己的名字形象用去做另一种发财的广告？鲁迅自己是特别反对把文学艺术与商品经济连在一块儿的，也就是这个原因，他对梁实秋造谣自己写文章是为了"领卢布"一事特别耿耿于怀，还不嫌过分地骂对方是"资本家的乏走狗"！这样一个对金钱的异化力量保持警惕的人，他的名字甚至形象最后竟然成了某种意在赚钱的商品的品牌，这对他本人来说是一种不幸，而对中国社会而言，则是一种讽刺。当年鲁迅的墓从万国公墓迁往虹口时，有关方面在他的新墓前立了一座手拿书籍冷眼望前的铜像。周作人曾讽刺，说是陈源见了，会很高兴，因为这不正好应了他当年讽刺的鲁迅是"思想界的权威"这一"纸糊的桂冠"的预言么？现在，把鲁迅做成一种酒的商标，我想，梁实秋如果能见了，也许就可以说：他过去虽然没有为卢布而写作，可现在却在为人民币而献身……

据说，鲁迅牌酒被拒绝后，那家酒厂并不死心，他们决定出一种"鲁迅纪念酒"——用鲁迅的头像做成酒壶，然后在酒壶上刻上鲁迅"横眉冷对千夫指，俯首甘为孺子牛"及鲁迅的生卒年月。这不禁让人想起这么一个故事。有一个不太有名的文人生前喜欢喝酒，临死时吩咐儿孙把自己埋在瓷窑旁："这样，百年后我化作泥土给他们挖去做了酒壶，不又可以装一肚子酒了么？"我不知道鲁迅生前爱喝酒是否已到了上面这位生死以之的程度，如果是，那把他做成酒壶，那倒真能"又可以装一肚子酒了"！只是，我担心那些喝这"鲁迅纪念酒"的人们在喝完酒后，将如何对待这鲁迅做成的酒瓶子：是把它当纪念品收藏，还是把它当一般的酒瓶子用过就扔？当然，这点商家恐怕并不在意——只要酒能卖出去，管人家对酒瓶子怎样呢！不过，我想，鲁迅的后人肯定在意，我们这些热爱鲁迅的人也应该在意——毕竟，中国只有一个鲁迅，我们不该把他当破酒瓶一样乱扔。

2001/9/3

钟叔河对鲁迅的无名火

读书人大概都知道，著名出版人和随笔作家钟叔河跟周家老二周作人的关系那是一个铁：他以一人之力编辑而成的《周作人散文全集》，是号称最全的周作人作品集。此书凡 15 卷，近 900 万字，收录了周作人全部散文作品及部分日记、诗歌、书信、序跋、译文，内容涵括了此前出版的主要周作人文集——《周作人文类编》及《周作人自编文集》的全部内容，并有近一半为集外文及未刊稿。

据介绍，钟先生自 20 世纪 80 年代即开始出版周作人自编文集，90 年代曾出版 10 卷本《周作人文类编》，更出版过多种周作人选集和单行本，是新中国成立后周作人文集出版方面的权威与开创者。说钟叔河是周作人的功臣，那是一点不为过。

不特此也，钟先生还是周作人的知音与粉丝，在《周作人散文全集》编者弁言"中，钟先生这么写道："因为从六十年前看了兄姊的'复兴初中国文教科书'，我便喜欢上了《故乡的野菜》《金鱼、鹦鹉、叭儿狗》的文字。四十年前流落长沙市上，白天流大汗，晚上在黯淡的十五支光电灯下，用红格子'材料纸'给八道湾十一号写信，意外地很快便得到回信，还收到了题赠的书和写在宣纸上的一首诗：'半生写文字，计数近千万。强半灾梨枣，重叠堆几案。不会诗下酒，岂是文作饭。读书苦积食，聊且代行散。本不薄功利，亦自有誓愿。诚心期法施，一偈或及半。但得有人看，投石非所憾。饲虎恐未能，遇狼亦已惯。出入新潮中，意思终一贯。只恨欠精进，回顾增感叹。'原是他十七年前写的《丙戌岁暮杂诗》中的一首，题曰《文字》，已是旧作。但当时的我，却把它看成是前辈文人的一分厚赠。八十老翁何所求，这位从五四新潮中走过来的老者，居然认为我这个三十来岁的木模工还能懂得他的文章，我怎能不怀着知己之感，努力去理解他的'誓愿'，让'诚心期法施'的气力不至于东风吹马耳般地白白浪费呢？"从中，我们自不难读出钟先生对周二先生的倾心和景仰。

可是不知什么缘故，钟先生对鲁迅却很不以为然，在其文章中提到大先生时，总忍不住透露出一种隐隐的恨意和浓浓的嘲意，不信可去看看钟先生一部专门记载自己阅历的随笔集《小西门集》（岳麓书社 2011 年版）。

一般而言，钟先生在文章中提及鲁迅时，大都不直标其名，但读者自不难从中读出其锋芒所向。譬如，在《巴旦杏仁的功效》一文中，钟先生写到自己"日本投降后出外上高中，从此不再回乡，课外书一变而为《契诃夫小说集》、《人和山》、《方生未死之间》……《验方新编》的印象便逐渐模糊"，忘不了借此刺鲁迅一笔："很快我又染上了左倾幼稚病，一心要把'祖传丸散、秘制膏丹'全都踏倒，听到骂中医'全都是有意无意的骗子'只觉得痛快，不过对于杏仁能治咳嗽这一点，却仍然深信不疑。"这里的"祖传丸散、秘制膏丹"引自鲁迅《忽然想到》，"全都是有意无意的骗子"则引自《呐喊自序》，很显然，钟先生是在借此斥责鲁迅的"左倾幼稚病"。在《平江人》中，钟先生怀乡之余，还专门写下这么一段："当然在故乡也遇见过不好的人，不好的事，但百年心事归平淡，回顾前尘，还是宁愿想一想好的和美的，忘掉那些不好的和丑恶的。这倒不一定是害怕抚摸旧的创痛，或者有意为自家或者别人隐讳什么，不过不想破坏暮年难得一点平静，死时也不想咬牙切齿地说什么'一个都不宽恕'了。"这里"一个都不宽恕"引自鲁迅逝世前44天写的一篇题为《死》的文章，与此相关的第七条是："损着别人的牙眼，却反对报复，主张宽容的人，万勿和他接近。……欧洲人临死时，往往有一种仪式，是请别人宽恕，自己也宽恕了别人。我的怨敌可谓多矣，倘有新式的人问起我来，怎么回答呢？我想了一想，决定的是：让他们怨恨去，我也一个都不宽恕。"钟先生对故乡只有好感而拒绝恶感，当然是他的自由，也可以说是他的大仁大义，可似乎很难跟鲁迅对那些"损着别人的牙眼，却反对报复，主张宽容的人"、"一个都不宽恕"有什么联系，更何况，读鲁迅这段话，我们感到的只是鲁迅对此的无奈与伤感，跟"咬牙切齿"似乎水米无干。这种联系，只能让人感到作者对鲁迅有种无名火，所以只要一有机会，就情不自禁地将鲁迅提溜出来对照对照贬损贬损。

大概就是因为这种无名火，钟先生对鲁迅好像有点左右不顺眼。比如，刚讽刺完鲁迅"一个都不宽恕"的刻薄后，钟先生又在《三味书室与三味书屋》中嘲弄起鲁迅的厚道来。钟先生是这么说的："寿先生其人，鲁迅说'他是本城极方正、质朴、博学的人'，'是渊博的宿儒'，话出自尊师的厚道学生，自不能不信，虽然这位学生特会讲反话。但在这所私塾里，教的不过是些放开喉咙念'笑人齿缺，曰狗窦大开'……的学童，先生自己百读不厌的也不过是南菁书院学生'铁如意，指挥倜傥'一类新作，故人们对此书屋的文化地位，似不宜评价太高，尽管先生再'博学'，学生再会做文章。"不特老师不怎么样，就是三味书屋本身也不足为奇，钟先生说"三味书屋"本来自湖南新化陈家的"三味书室"：

"陈家累代敦品励学，《湖南省志》第二十二卷记其家训云：立身行己，要有诗书味；和睦宗族，要有家常味；处世接物，要有人情味。这便是'三味'的来历。"至于鲁迅读书的三味书屋，则"本只是一处普通的'设在先生家里，招集学生前往走读'的私塾。尽管鲁迅说它'是全城中称为最严厉的学塾'，周作人说它'是在同类私塾中顶开通明朗的一个'，也只有作风宽严的差别，内容和体制上不会有什么特殊，用不着另外取什么高雅的名号。此先生家姓寿，地址在东昌坊覆盆桥，通常便只叫他覆盆桥寿家或寿家学堂。但因鲁迅读书时，见堂屋'中间挂着一块匾道三味书屋'，这样写出来，风行天下，于是国人皆曰三味书屋矣。其实'三味书屋'这块匾与寿先生的学塾根本无关，它是寿先生的祖父几十年前买下这屋子开'寿日升'酒坊时，早就挂在那里了"。钟先生因为对鲁迅有腹诽就这么看不起他启蒙时读的私塾及其老师，难道就没有想到他所尊崇的周作人也是在这个私塾里发蒙起步的么？为了表达对鲁迅的不满，都有些顾彼失此了。

同样因为这种心态，钟先生有时对鲁迅的不满和嘲弄都到了近乎无中生有的地步。在《看武侠小说》中，钟先生写道："因为武侠小说于我阅读有启蒙之功，所以我从不看轻它们，如今文学越来越市场化，'人类灵魂工程师'跟歌女格郎一样上'排行榜'，个个不足为奇。有人看到鲁迅的大名排在金庸后面，却为之忿忿不平，实在可以不必。"这里，钟先生认为金庸可以排名在鲁迅前面，不必对此"忿忿不平"，这是一目了然的。可是，他所讲的"如今文学越来越市场化，'人类灵魂工程师'跟歌女格郎一样上'排行榜'，个个不足为奇。有人看到鲁迅的大名排在金庸后面"，却有些让人不知出处。据我所知，金庸在一些人的排行榜中，的确名次靠前，但似乎还没有"排名在鲁迅前面"。随便举两个例子吧：2012年11月8日"中新网"上一篇题为"2011年读者最喜爱的十大作家排名"中，前10名的排名是：鲁迅、金庸、韩寒、琼瑶、郭敬明、老舍、曹雪芹、冰心、古龙、巴金。而据该文称，这一排名顺序的前三名与 2010 年的一致。而在 1994 年 8 月，由北京师范大学中文系教授王一川主编的《20 世纪中国文学大师文库》中，也只将金庸排名鲁迅、沈从文、巴金三大文学大师之后，列为小说家第四名。也许，钟先生所谓"鲁迅的大名排在金庸后面"只是他心目中的一种排名？又比如，在《因何读书》一文中。钟先生说："鲁迅诗云，'无聊才读书'，是挖苦租界上阔人的，虽然他自己也住在租界，也阔，仍不失为好句。"大概是因为要挖苦鲁迅自己就"无聊才读书"，所以钟先生将这句诗量身定义为"挖苦租界上阔人的"——因为鲁迅自己"也住在租界，也阔"！然而，这是事实么？此句出于 1931 年鲁迅《赠邬其山》（即内山完造，"邬其"是日语"内"的音译）一诗，全诗是："廿年居上海，每日见中华：有病不求药，无聊才读书。一阔脸就变，所砍头渐多。忽而又下野，南无阿弥陀。"很显然，这里这些有资格"一阔脸就变，所砍头渐多。忽而又下野，南无阿弥陀"的角色不是一般的住在"租界上阔人"，而只能是可以随意杀人，又可以根据形势"下野"、念"南无阿弥陀"的牛人，具体说来就是当时的"城头变幻大王旗"的"大王"们，也因此，一般都把这句诗解为：那些军阀平时不读书不看报，只有到下台的时候，才佯称"出洋留学"或"闭门读书"，所以说他们要到"无聊"时才读书。鲁迅在《准风月谈·外国也有》一文中就讲过："民国以来，有过许多总统和阔官了，下野之后都是面团团的，或赋诗、或看戏、或念佛，吃着不尽。"这哪是泛指什么"租界上的阔人"？又跟鲁迅牵得上什么瓜葛？

　　如果说，上面这些都是对鲁迅的一些观点看法以及居住环境的不满和嘲弄，无伤大雅的话，那钟先生在《协操坪》一文中对鲁迅的指责就是人格上和本质的了。钟先生在文中讲到协操坪的一部分在新中国成立后成为东风广场，在"文革"中，广场上处死了许多死刑犯。他在身临其境时忍不住想起了清朝文人金圣叹——

想起他当年临刑时，怎么还能写出这样的诗来：鼙鼓三声响，西山日正斜。黄泉无客店，今夜宿谁家。……有人指责金圣叹，说他死得不够勇敢，写打油诗是在自己鼻子上涂白粉，装滑稽小丑。我觉得，如果自己并不准备抛头颅洒热血，却要挖苦被砍头的人不勇敢，这至少是不仁，也太欠公道了吧。临刑赋诗，即使真的想"将屠夫的凶残化为一笑"，也是金圣叹的自由：这自由是以他五十三岁的生命作代价，同为人类，只当哀矜悯默，岂敢肆逞刀笔，轻薄地加以讽嘲？何况于情于理，被屠者怎么会为屠夫解脱？金圣叹的打油，亦犹郭亮被讯时所答，"开眼尽是共产党人，闭眼没得一个"，即是他生平一贯风格的表现，也是对暴君暴政赫赫权威表示一点不在乎的蔑视。指责金氏的人若被绑赴刑场，能否如金氏那样镇定从容，不失常态，那就只有天晓得了。

这里的"有人"应该是指鲁迅，因为其中加了引号的"将屠夫的凶残化为一笑"一句出自鲁迅写于 1933 年的《论语一年》（收入《南腔北调集》），而且，鲁迅说这话也的确与金圣叹有关。然而，我们如果细按原文，就会发现钟先生为了自己行文方便，对鲁迅原话做了一定改动——鲁迅原文是这样的：

说是《论语》办到一年了，语堂先生命令我做文章。这实在好像出了"学而一章"的题目，叫我做一篇白话八股一样。没有法，我只好做开去。

老实说罢，他所提倡的东西，我是常常反对的。先前，是对于"费厄泼赖"，现在呢，就是"幽默"。我不爱"幽默"，并且以为这是只有爱开圆桌会议的国民才闹得出来的玩意儿，在中国，却连意译也办不到。我们有唐伯虎，有徐文长；还有最有名的金圣叹，"杀头，至痛也，而圣叹以无意得之，大奇！"虽然不知道这是真话，是笑话；是事实，还是谣言。但总之：一来，是声明了圣叹并非反抗的叛徒；二来，是将屠户的凶残，使大家化为一笑，收场大吉。我们只有这样的东西，和"幽默"是并无什么瓜葛的。

细读原文，我们不难明白，鲁迅"将屠户的凶残，使大家化为一笑"不是指钟先生所谓金圣叹临刑前写的什么打油诗，而是指他临死时还打趣自己之死"杀头，至痛也，而圣叹以无意得之，大奇"的传说，并且，鲁迅对这种传说的真实性也是持怀疑态度的。因此，钟先生用鲁迅嘲弄金圣叹临刑时写的打油诗作为证据，来指责鲁迅"自己并不准备抛头颅洒热血，却要挖苦被砍头的人不勇敢，这至少是不仁，也太欠公道了吧"，是无的放矢，"至少是不仁，也太欠公道了吧"？进而更声讨鲁迅"同为人类，只当哀矜悯默，岂敢肆逞刀笔，轻薄地加以讽嘲"就更无谓了。而在文末"指责金氏的人若被绑赴刑场，能否如金氏那样镇定从容，不失常态，那就只有天晓得了"，也就只能视为钟先生因为对鲁迅有股无名火，所以一涉及鲁迅，就失去常态，变为恶毒的心态了——不要说"被绑赴刑场"了，就是在行文时碰到自己不满意的人如何做到"镇定从容，不失常态"，都值得作文者事前三思事后三省了。

还值得一提的是，钟先生认定"鼙鼓三声响，西山日正斜。黄泉无客店，今夜宿谁家"是金圣叹"临刑赋诗"，似乎也是将鲁迅所谓"不知道这是真话，是笑话；是事实，还是谣言"的东西视为可靠的材料。对此，钟先生所景仰的周作人倒有仔细辨正：在周作人《苦竹杂记》中有一篇写于1935年11月3日的《孙蕡绝命诗》，其中有云：

清初梁维枢仿《世说新语》撰《玉剑尊闻》十卷，卷七伤逝类下有一则云："孙蕡为蓝玉题画坐诛，临刑口占曰：鼙鼓三声急，西山日又斜，黄泉无客舍，今夜宿谁家。"

在文章末尾，周作人又写道：

十月三十一日上海《立报》载大佛君的《近人笔记中几笔糊涂账》，末一节云："近日某君记湖南名士叶德辉绝笔诗，谓叶在临刑时索笔纸写五言一绝，诗为：慢擂三通鼓，西望夕阳斜，黄泉无客店，今夜宿谁家。此亦张冠李戴者欤。盖叶'以农运方兴，稻粱粟麦黍稷，杂种出世；会场扩大，马牛羊鸡犬豕，六畜成群'一联贾祸，则为事实。至于上述诗有谓系金圣叹临刑之口占，有谓系徐文长所作，虽不知究出何人手笔，但成在叶氏之前则可无疑，况此诗又并未见佳也。"此与孙蕡诗甚相似，唯又说是叶大先生作，则又迟了五百年了。徐文长金圣叹二说未曾听过，存记于此，以广异闻。

可见，在周作人看来，这首诗的作者当是明初的孙蕡（在《明诗纪事》中，作者引用赵翼《陔馀丛考》，指出此诗乃五代时江为所作。见该书甲签卷九），跟清初的金圣叹没关系——周作人从来没听说过金圣叹或徐文长写过这样的诗。钟先生是研究周作人的专家，又曾编辑过周作人最全的作品集，何以对周作人这一论断视而不见？或者还是因为心中那无名火过于蓬蓬勃勃？

钟先生这种心态，在他和记者做的一些访谈录中也有表现，这种表现比起他在自己文章中似乎更直截了当。比如在2012年1月6日《名牌》杂志登出的《钟叔河：错就错在要思想》访谈中，当记者问及"作为《周作人全集》的编撰者，你个人如何评价他"时，钟先生有这样的回答：

周作人只是一个普通人，有所有人都会有的缺点，他和日本人合作，不能说是他一个缺点，只能说本来有些事他可以不做，他身上有作为知识分子的劣根性，他不是一种能抗拒强势的人。虽然，新中国成立以后他对共产党也有怨尤，有些文章也捎带骂了蒋介石，但他已经毫无危险了。他也骂过傅斯年，那时候胡适等人联名保周作人，傅斯年就是不肯签字，而且劝胡适不要介入。周作人虽然有点狭隘，多少有些绍兴师爷的脾气，但是比鲁迅要好得多。新中国成立以后，一直大手大脚用钱用惯了的他养家糊口，很长一段时间，不得不靠卖旧书来维持生活。所以，许广平评价周作人没有用，很自私，一天到晚在家写文章，院子里花开花落都不知道，我倒是觉得这是一个优点。

而当回答记者"您怎么看鲁迅"时，他又道："鲁迅其实不太能容忍别人对他的批评，他骂的很多人都是不该骂的人，他喜欢别人崇拜他，很乐意别人给他戴高帽子。"

在钟先生看来，周作人虽然"和日本人合作"，但这"不能说是他一个缺点"，更要紧的是"周作人虽然有点狭隘，多少有些绍兴师爷的脾气，但是比鲁迅要好得多"。换言之，只要自己欣赏的人，做什么都不要紧，都比自己不喜欢的人"要好得多"。这种心态，或许就是钟先生碰到鲁迅时就有一股无名火，就想按之入地的原因吧。

看了钟先生对周作人的景仰与对鲁迅的反感，倒让人情不自禁地想起这么一桩往事：当年，鲁迅《呐喊》出版后，站在《语丝》对立面的成仿吾在《创造》季刊上发表了一篇文章，就以此来嘲笑鲁迅。成仿吾的文章叫做《〈呐喊〉的评论》，其中说："《呐喊》出版之后，各种出版物差不多一齐为它呐喊，人人谈的总是它，然而我真费尽了莫大的力才得到了一部。里面有许多篇是我在报纸上见过的，然而大都是作者的门人手编的，所以糟得很，这回由令弟周作人先生编了出来，真是好看多了。"本来，鲁迅的书由周作人编辑，这又与别人何干呢？何况他们还不知道，兄弟已经失和了。这样的评论，叫鲁迅、周作人两人哭笑不得。后来，在"革命文学"论争中，冯乃超又拾起了这个话头，说鲁迅"无聊赖地跟他弟弟说几句人道主义的美丽的说话"，对此，鲁迅在《我的态度气量和年纪》中反驳道："我的主张如何且不论，即使相同，何以说话相同便是'无聊赖地'？莫非一有'弟弟'，就必须反对，一个讲革命，一个即该讲保皇，一个学地理，一个就得学天文么？"把文末的"弟弟"换做"哥哥"，就可以移问钟先生——"莫非一有'哥哥'，就必须反对，一个讲革命，一个即该讲保皇，一个学地理，一个就得学天文么？"

2013/3/14

鲁迅与池莉的距离

把这两人放在一块儿有点不伦不类：一个是关心民瘼，"哀其不幸，怒其不争"，"我以我血荐轩辕"的大作家；一个却是沉浸在小市民生活中津津乐道，"有了快感你就喊"的小女人。硬把他们放在一块儿，既像风马牛，又像强将瓜皮搭李皮。但，他们既然都是作家，又都是名人，也就难免会碰到类似的事儿，而我们从他们对类似的事儿的不同态度，则又能更清楚地看出什么是大作家，什么是小文人。所以，我们不妨来点风马牛也相及的比较。

鲁迅在 1928 年碰到一件闹心的事。这一年元月，他收到从开明书店转自 M 女士的一封信，其中有云："自一月十日在杭州孤山别后，多久没有见面了。前蒙允时常通信及指导……"看了这信，鲁迅很奇怪：自己近十年来都没去过杭州呀，更何况与什么女士"孤山作别"！所以赶快给那女士回信，声明她所看见的，是另一人。结果，M 女士和两位鲁迅的学生一起来见他，三面证明在孤山上确实有一个"鲁迅"见过 M 女士。M 女士还给他看了那个"鲁迅"题在曼殊师坟旁的四句诗：

——"我来君寂居，唤醒谁氏魂？飘萍山林迹，待到它年随公去。鲁迅游杭吊老友曼殊句 一，一〇，十七年。"进一步打听，则听说确有这样的一个人，就在杭州城外教书，自说姓周，曾做一本《彷徨》，销了八万部，但自己不满意，不远将有更好的东西发表云云。很显然，这是一个冒牌的"鲁迅"。鲁迅觉得自己靠笔吃饭，还要被人忽而推为"前驱"，忽而被挤为"落伍"，已经够忙的了，要再有一个"鲁迅"，替自己说教，替自己"指导"别人，还替自己题那些个半通不通的"诗"，而结果却全要自己一人来负责，未免太强人所难，所以他就在报上登了这么一个启事："要声明的是：我之外，今年至少另外还有一个叫'鲁迅'的在，但那些个'鲁迅'的言动，和我也曾印过一本《彷徨》而没有销到八万本的鲁迅无干。"也就是说，鲁迅对那个假冒他姓名的什么"鲁迅"也就划清界限，说明他是他，我是我，他的言行与我无关，而并没有要对他进行什么什么样的惩罚——因为鲁迅知道：靠冒充别人来混日子的人，准是日子不太好过的弱者，而对弱者，鲁迅一向是同情和怜悯的。他的格言是"强者的怒，抽刃向更强者；弱者的怒，抽刃向更弱者"。

无独有偶，走红作家池莉也碰到过这么回事。武汉汉口三阳路上，一个与著名女作家池莉名字相同、也叫池莉的女孩子，用自己的名字开了一家"池莉"花店。虽然，这个卖花的池莉没有声称自己写过诸如《小姐，你早》、《有了快感你就喊》等脍炙人口响彻九霄的名作，更没有替作家池莉四处题诗到处招摇，可我们红透了半边天的女作家却受不了啦，她认定这卖花女冒用的就是她的大名，所以要求老板撤去这个店名——池莉对记者说："我整天忙于写作，何时开过店？就是开店，也不会在街边开家小花店。"她表示，一想到自己的名字赫然悬挂在街头巷尾的招牌上，心里不免有些惶然，毕竟，提起"池莉"，大多数人首先想起的是写小说的她。就如同眼下这家花行，不明就里的人总爱和她联系在一起。于是，作家池莉颇为愤慨地说："幸而开的是'池莉花行'，假如开家'池莉发廊'，且有不良行径，我岂不是有口难辩？"可是，开花店的年轻女孩对这番指责感到惊诧："我用自己的名字开花店，难道有什么不可以的吗？"她是半年前才从家乡孝感来到武汉的，此前并不知道在武汉有一个跟自己同名的女作家。记者还专门打电话到女孩的老家，经过查证，女孩的名字确实叫池莉。

鲁迅对的确冒充自己，还以自己名义四处题诗、骗女士的假鲁迅，也就登了启事，表示自己和这个"鲁迅"不是一回事而已；而池莉却对一个的确也叫"池莉"（其实，这两个字的姓名在中国的确不少），而且并没有利用这个名字干什么坏事的卖花女不依不饶，非要把人家生路断了才肯罢休。从这个对比中，我们也许明白什么是大作家，什么是小文人。

2003/8/28

季羡林与钱锺书曾经的"堕落"

"文革"期间，"学习雷锋"是一个响彻云霄的口号——那时我读小学，隔三岔五就要被学校老师号召去"学雷锋"，于是大做一些诸如老太太不过马路，我们硬把她"搀扶"过马路的"好事"。从表面上看，那个时代应该是道德完美高尚人人向上的黄金时代，可事实上并不这样。所谓人无完人，即使"黄金时代"也不例外，即便学者大师也不能免俗。

比如季羡林先生，在那个时代，就是他老人家也常常情不自禁地干些现在看来很没面子的事。在其《牛棚杂忆》中，他就老老实实地记叙了这么一件事："有一次我在路上拣到了几张钞票，都是一毛两毛的。我大喜过望，赶快揣在口袋里。以后我便利用只许低头走路的有利条件，看到那些昂首走路的'自由民'决不会看到的东西，曾捡过一些钢镚儿。这又是意外的收获。我发现一条重要的规律：在黑帮大院的厕所里，掉在地上的钢镚儿最多。从此别人不愿走进的厕所，反而成了我喜爱的地方了。"看看，"学习雷锋"有一个主要内容就是学习雷锋拾金不昧的共产主义品格，可我们的国学大师在那个时代却兴致勃勃地总结在路上拣到别人遗失的钞票或钢镚儿的规律！

季先生这么分析自己的这种堕落——"上面说的这些极其猥琐的事情，如果我不说，决不会有人想到。如果我自己不亲身经历，我也决不会想到。但是，这些都是事实，应该说是极其丑恶的事实。当时我已经完全失掉了羞耻之心，并没有感到有什么不对。现在回想起来，真是不寒而栗。我从前对一个人堕落的心理过程发生过兴趣，潜意识里似乎有点认为这是天生的。现在拿我自己来现身说法，那种想法是不正确的。然而谁来负这责任呢？"

季先生这种做法在那个时代是不是只此一家，别无分店呢？杨绛先生在她回忆录中，也曾写到过另一个鸿学大儒钱锺书在"文革"中因为住房问题和同住的另一个学者林非（杨先生文中称之为"革命男子"）发生肢体冲突的故事。据杨先生讲，打架过程是这样的——"我没看见他（指钱先生）出来，只记得他举起木架子侧面的木板（相当厚的木板），对革命男子劈头就打。幸亏对方及时举臂招架，板子只落在胳臂肘上。如打中要害，后果就不堪设想了。"可见一向儒雅的钱先生下手是如何的重！后来，钱先生对杨绛感慨——"和什么等人住一起，就会堕落到同一水平。"杨先生也认为："他这回的行为，不是出自本心，而是身不由己，正和我冲上去还手一样。打人，踹人，以至咬人，都是不光彩的事，都是我们决不愿意做的事，而我们都做了——我们做了不愿回味的事。这件事，尽管我们在别人问起时，不免要说个大略，我们私下里确是绝口不再谈论或讲究，因为我们三人彼此间都很知心。"（杨绛《从"掺沙子"到"流亡"》）出手打自己的革命同志，如果照当时学习雷锋的要求来看，当然是绝对不应该的事儿——雷锋同志不是"对待同志，如春风般温暖"么？哪有手挥木板大打出手的道理！不过，在那时代，就这样了。原因呢，是"身不由己"，是"和什么等人住一起，就会堕落到同一水平"。

　　现在重新将这两位深受人们敬爱的文化老人的往事提溜出来，不是为了吹毛求疵，只想说明，在那样一个时代，口号是口号，实际是实际。后来的治史者如果不从事实出发，而只凭文字做结论的话，那可真就差之毫厘谬以千里啦。

2002/4/1

那些"被死亡"的著名作家

作家——尤其是著名作家——因为自己的名气和影响力，自然会在引起一些人喝彩的同时，招来另一批人的敌视仇视。敌视仇视而又不能按之入地，最好的泄愤方法当然就是在意念中将其置于死地，造谣他死——也就是现在所谓的"被死亡"了。这种现象在现当代文学史上屡见不鲜。通过对这些层出不穷"被死亡"事件的梳理，或许可以窥见这类事件背后的世道人心和时代的沧桑变化来。

现代文学史上，鲁迅大概是最容易"被死亡"的著名作家。对此，鲁迅自己也有清楚的认识，在《坟》题记中，他就这么写过："我的可恶有时自己也觉得，即如我的戒酒，吃鱼甘油，以望延长我的生命，倒不尽是为了我的爱人，大半是为了我的敌人……好在他的好世界上多留一些缺陷。"对方既然希望他死而他又猛吃鱼肝油求不死，当然就只好造谣"他其实死了"来聊快其意了。

1931年1月17日，"左联五烈士"之一的柔石被捕，因为他在前一天见过鲁迅，还向其要了一份鲁迅和北新书局所订的版税合同，官方因此进行网罗，要找鲁迅。鲁迅呢，"不愿意到那些不明不白的地方去辩解"，于是"这一夜，我烧掉了朋友们的旧信札，就和女人抱着孩子走在一个客栈里。不几天，即听得外面纷纷传我被捕,或是被杀了……"（见《为了忘却的纪念》）真是天下纷纷，何时定乎? 与此同时，"用函电来探问我的消息的也多起来，连母亲在北京也急得生病了，我只得一一发信去更正，这样的大约有二十天"。而在 2 月 2 日致留学日本的李秉中信，鲁迅写道："蜚短流长之徒，因盛传我已被捕。通讯社员发电全国，小报记者盛造谰言，或载我之罪状，或叙我之地址，意在讽喻当局，加以搜捕。"后来又在 3 月 6 日的信中道："近数年来，上海群小，一面于报章及口头盛造我之谣言，一面又时有口传，云当局正在索我甚急云云。""又闻天津某报曾载我'已经刑讯'，亦颇动旧友之愤。又另有一报，云我之被捕，乃因为'红军领袖'之故云。"显然，这是蓄意通过谣言，唆使军政当局加紧迫害鲁迅。鲁迅对此自然是洞若观火，他指出："谣言这东西，却确是造谣者本心所希望的事实，我们可以借此看看一部分人的思想和行为。"（《无花的蔷薇之三》）2 月 5 日，他在致荆有麟的信中又写道："我自寓沪以来，久为一班无聊文人造谣之资料，忽而开书店，忽而月收版税万余元，忽而得中央党部文学奖金，忽而收苏俄卢布，忽而往莫斯科，忽而被捕，而我自己，却全不知道有这么一回事。其实这只是有些人希望我如此的幻想，据他们的小说作法，去年收了一年卢布，则今年应该被捕了，接着是枪毙。于是他们的文学便无敌了。"

　　鲁迅对这次"被死亡"的最大感受被他写进了下面这首有名七律中：

慣于长夜过春时，挈妇将雏鬓有丝。
梦里依稀慈母泪，城头变幻大王旗。
忍看朋辈成新鬼，怒向刀丛觅小诗。

吟罢低眉无写处，月光如水照缁衣。

很显然，鲁迅所以"被死亡"，是因其"忍看朋辈成新鬼，怒向刀丛觅小诗"而得罪了一些文人及其主子。他们恨他怕他，又对他无可奈何，因而造谣他被杀，一则聊快其意，再则，是为了唆使军政当局如此这般对付鲁迅，以除他们心腹之患。这种做法可恨可耻而又可怜！

到了史无前例的"文化大革命"，著名作家"被死亡"的事件也是屡见不鲜。

1968年，正是大陆"文革"烈焰铺天盖地之际，远在美国西雅图的梁实秋突然得知他过去好友大陆作家冰心去世的消息。当时梁实秋"将信将疑。冰心今年六十九岁，已近古稀，在如今那样的环境里传出死讯，无可惊异。读清华学报新七卷第一期（一九六八年八月刊），施友忠先生有《中共文学中之讽刺作品》一文，里面提到冰心，但是没有说她已经去世。最近谢冰莹先生在《作品》第二期（一九六八年十一月）里有《哀冰心》一文，则明言'冰心和她的丈夫吴文藻双双服毒自杀了'。看样子，她是真死了。她在日本的时候写信给赵清阁女士说：'早晚有一天我死了都没有人哭！'似是一语成谶！可是'双双服毒'，此情此景，能不令远方的人一洒同情之泪"！为此，梁实秋还在1972年，专门写了一篇《忆冰心》的文章，回忆了自己和冰心当年的点点滴滴。文章写完后，又获知其实冰心没有死，所以又在后面写了这样一个后记：

（一）

绍唐吾兄：

在《传记文学》十三卷六期我写过一篇《忆冰心》，当时我根据几个报刊的报道，以为她已不在人世，情不自已，写了那篇哀悼的文字。今年春，凌叔华自伦敦来信，告诉我冰心依然健在。惊喜之余，深悔孟浪。顷得友人自香港剪寄今年五月二十四日香港《新晚报》，载有关冰心的

报道,标题是《冰心老当益壮酝酿写新书》,我从文字中提炼出几点事实:

(一)冰心今年七十三岁,还是那么健康,刚强,洋溢着豪逸的神采。

(二)冰心后来从未教过书,只是搞些写作。

(三)冰心申请了好几次要到工农群众中去生活,终于去了,一住十多个月。

(四)目前她好像是"待在"所谓"中央民族学院"里,任务不详。

(五)她说:"很希望写一些书。"最后一句话是:"老牛破车,也还要走一段路的。"

此文附有照片一帧。人还是很精神的,只是二十多年不见,显着苍老多了。因为我写过《忆冰心》一文,也觉得我有义务做简单的报告,更正我轻信传闻的失误。

弟梁实秋拜启

一九七二年六月十五日西雅图

(二)

绍唐吾兄:

六月十五日函计达。我最近看到香港《新闻天地》一二六七号载唐向森《洛杉矶航信》,记曾与何炳棣一行同返大陆的杨庆尘教授在美国西海岸的谈话,也谈到谢冰心夫妇,他说:"他俩还活在人间,刚由湖北孝感的'五七干校'回到北京。他还谈到梁实秋先生误信他们不在人间的消息所写下悼念亡友的文章。冰心说,他们已看到了这篇文章。这两口子如今都是七十开外的人了。冰心现任职于'作家协会',专门核阅作品,做成报告交予上级,以决定何者可以出版,何者不可发表之类。至于吴文藻派什么用场,未见道及。这二位都穿着皱巴巴的人民装,也还暖和。曾问二位夫妇这一把年纪去干校,尽干些什么劳动呢?冰心说,多半下田扎绑四季豆。他们在'文化大革命'时期，曾被斗争了三天。"
这一段报道益发可以证实冰心夫妇依然健在的消息。我不明白，当初为
什么有人捏造死讯，难道这造谣的人没有想到谣言早晚会不攻自破么？
现在我知道冰心未死，我很高兴，冰心既然看到了我写的哀悼她的文章，
她当然知道我也未死。这年头儿，彼此知道都还活着，实在不易。这篇
航信又谈到老舍之死，据冰心的解释，老舍之死"要怪舍予太爱发脾气，
一发脾气去跳河自杀死了……"。这句话说得很妙。人是不可发脾气的，
脾气人人都有，但是不该发，一发则不免跳河自杀矣。

弟梁实秋顿首
一九七二年七月十一日西雅图

　　除了冰心外，"文革"中，另一个著名作家钱锺书也"被死亡"
过。1975年左右，海外流传钱锺书死讯，为此早在20世纪40年代就
熟悉钱锺书的哥伦比亚大学传授夏志清曾经写过一篇题为《追忆钱锺书
先生》的悼文。而1956年曾和钱先生通过信的日本学者荒井健先生在
得知"钱锺书死亡"的消息后，动手翻译《围城》借以表达自己对此书
作者的悼念之意。后来，在获悉这是误传后，荒井健特地写了《附记》
来表示欣慰。1982年，钱锺书在为荒井健的这部日译《围城》写序时，
提及此事时，有这么幽默的一笔：

　　在我故乡，旧日有个迷信：错报某人死了，反而使他延年益寿。"说
凶就是吉"原属于古老而又普遍的民间传说。按照这种颇有辩证法意味
的迷信，不确的死讯对当事人正是可贺的喜讯。但是，那谣言害得好友
们一度为我悲伤，我就仿佛自己干下骗局，把假死亡赚取了真同情，心
里老是抱歉，因为有时候真死亡也只消假同情就够了。荒井先生准觉
得他和我有约在先，一定要实践向亡友的诺言。他获悉我依然活着，大
可以中止翻译，而专心主持他的《李义山诗集释》。他依然继续下去，

还和后起的优秀作家中岛长文先生合作，加工出细货，把《围城》译完，了却二十年前的宿愿。和日、中两国都沾边的苏曼殊曾称翻译为"文学因缘"，这一次的文学因缘也标志着生死交情呢。

我们可以看到：在鲁迅时代，传言作家死亡的，大都是一些居心叵测者，其目的除了以此自慰外，就是嗾使当局照此办理，以快其意。而到了"文革"期间，作家所以"被死亡"，则是因为那场文化大乱命实在太史无前例，什么样的事儿都会发生，加上国内真相被封锁，所以，只好这么猜测。这可以说是一种善意的误会。

照说到了现在这个新时代，著名作家这种"被死亡"的事件该销声匿迹了才是：现在不是乱世，没有那么心怀叵测的家伙希望别人死亡；现在也不像"文革"中那样有那么多作家可能死亡的原因，没必要那样瞎猜。然而，事乃有大谬不然者：现在，还是不时传出作家"被死亡"的消息来，而且一经传出，就马上甚嚣尘上，大家都将其四处散播，弄得像真的一样。这又是为什么？

最近（写作本文时），传出"死讯"的著名作家首先是余秋雨。2010 年 5 月 24 日，某网站一个贴吧里传出一条消息："某报 2010 年 5 月 26 日电，著名散文家、文化学者余秋雨先生昨日凌晨 5 时因心肌梗塞在上海华山医院病故，享年 64 岁。之前曾有消息灵通人士爆料，余秋雨曾因冠状动脉严重狭窄而在华山医院接受诊治，其妻马兰因此消息一日内三次晕厥。"消息虽然有鼻子有眼，却是不折不扣的谣言——很快就有余秋雨的助手金克林出来辟谣："当天，来自全国各地的询问电话，接得要疯掉了，马兰的手机来电也是一个接一个，辟谣电话打得快要疯掉了！此消息纯属造谣。余秋雨目前人在上海，身体健康，一切工作安排也在照常进行。余秋雨活得好好的！什么时候又在华山医院病逝了？造这样的谣，真是缺德。"金克林还向记者叫苦："这个假消息今天把余秋雨和马兰害惨了！仅仅一个小时，来自全国各地的媒体朋友，戏剧界、作协，还有读者，争先恐后打电话来核实求证。还有读者表示悼念。我们一再解释，余秋雨活得好好的！马兰也没晕厥，这是造谣，但仍有许多电话打来求证。因此，我们恳请媒体帮余秋雨和马兰辟谣！"金克林希望广大读者不要受骗，也感谢大家对余秋雨的关心。

一波未平，一波又起，6月3日，继余秋雨遭遇恶意谣言"被去世"之后，文坛另一位重磅人物金庸也遭遇"被死亡"，这则消息很快在媒体圈蔓延，不多一会儿全国各地文化记者都纷纷互相发短信、打电话探听消息。据悉，此则消息最早发自前一日下午，一条帖子称金庸逝世了。记者迅速展开求证，中国作协方面对此感到愕然，表示不知道此事。其后，金庸好友潘耀明则表示此为谣传，他前几天还见过金庸，身体很好，并称现在的媒体公德缺失，已经到了"没牙齿"的境地了！此事也惊动了香港媒体，有香港记者致电倪匡，对方表示5月31日还和金庸在一起，而金庸创办的《明报》亦明确表示这是谣传。

这里值得探讨的是：为什么是余秋雨和金庸"被死亡"？如前所述，鲁迅时代和"文革"时期，作家的"被死亡"都各有其因，那么为什么到了现在，还有这些大腕级的作家"被死亡"？

我们首先应该明白的是：余秋雨和金庸二人不仅是名气很大的作家，而且是非常有钱的作家——金庸就不用说了，你想想金庸一共15部小说，每部都出版了，而且每部绝不会只出版一次，再加上那些翻来覆去拍了再拍的金庸剧和根据金庸小说改编的游戏，版权费绝对少不了，而且金庸还自己办报，亿万富翁当不在话下。余秋雨呢，也不弱，写的书本本畅销不说，还炒股。据《每日经济新闻》2009年10月27日报道：10月26日，拟赴深圳中小板上市的徐家汇商城股份有限公司（以下简称徐家汇商城）顺利通过发审委的审核。因著名作家、学者余秋雨赫然出现在大股东名单中，该公司近日已经赚足了眼球。余秋雨持有的股权据保守估计至少值 6700 万余元。《每日经济新闻》了解到，如果按中小板上市公司当年平均发行市盈率计算，徐家汇商城发行价很可能超过 20 元／股，余秋雨极有可能成为亿万富翁。

其次，这两个有名有钱的著名作家似乎都很小气。金庸的吝啬也很有名气——据傅国涌《金庸传》介绍，金庸在办报时，抠门之极，他的名言是："我办报办了几十年，对于一磅白报纸的价格、一方英寸广告的收费、一位职工的薪金和退休金、一篇文章的字数和稿费等等，长期以来小心计算，绝不随便放松，为了使企业成功，非这样不可。"于是，与其他大报相比，《明报》的工资低，福利薄，这是《明报》员工从编辑、记者、校对到排字房、机房工人的同感。他们对金庸最不满的地方，就是工资加得少，连退休金都"缩水"。香港《明报》新闻版编辑黄陵是个老员工，做了十几年，因为年龄关系，到 1980 年他提出退休，希望能安享晚年。金庸给他发了一笔约数万元的退休金，黄陵表示不满，认为他有心压价，一怒之下，他找金庸交涉，他说："我的退休金，应该不止这个数目；这笔钱我就不打算要，我会全部用来在全港报纸登启事，声明黄陵在《明报》打工，现在退休了，只得数万元退休金，由于感激你（指金庸），所以特别登报纸表扬！"对此，金大侠的解释是："《明报》有 400 名员工，每人加 100 元，一年就是几十万。"更让人啼笑皆非的是，金庸嗜玩"沙蟹"，牌艺高明，据说在《明报》创办早期，由于经济拮据，他每次给员工发工资以后，就会邀请他们到自己家里"打沙蟹"，然后将他们的钱逐一赢回来。金庸给作者的稿费也很低，办报之初经济困难，后来经济状况好了，稿费也没有提高多少。当然，作为内地人，我们在这方面印象最深的应该是：2008 年汶川大地震时，我们就没看到金庸捐款的报道。大概就是因为这个原因，所以李敖在《金庸式的伪善》中，才这么写道：

他（指金庸）特别提到他儿子死后，他精研佛学，他已是很虔诚的佛教徒了。我说："佛经里讲'七法财'、'七圣财'、'七德财'，虽然'报恩经'、'未曾有因缘经'、'宝积经'、'长阿含经'、'中阿含经'等等所说的有点出入，但大体上，无不以舍弃财产为要件。所谓'舍离一切，而无染着'，所谓'随求经施，无所吝惜'。你有这么多的财产在身边，你说你是虔诚的佛教徒，你怎么解释你的财产呢？"金庸听了我的话，有点窘，他答复不出来。为什么？因为金庸所谓信佛，其实是一种"选择法"，凡是对他有利的，他就信；对他不利的，他就佯装不见，其性质，与善男信女并无不同，自私的成分大于一切，你绝不能认真。他是伪善的，这种伪善，自成一家，可叫做"金庸式伪善"。《新约》里说："没有仆人能侍奉两个主人：不是恨这个，就得爱那个；不是重这个，就得轻那个。你不能同时侍奉上帝，又侍奉财神。"看了……金庸的例子，我不得不说，……这位佛教徒，其实都是伪君子。他们同时又要上帝，又要财神。真正上帝的信徒不会这样，真正财神的信徒也不会那样，只有把上帝当财神或把财神当上帝的伪君子，才会这样。

在吝啬方面，余秋雨也不逊色。还是汶川大地震后的 2008 年 5 月 23 日，余秋雨发表名为《就汶川赈灾捐款答记者问》的博文，以记者提问的方式点出自己"给四川捐款一次就高达 20 万元"。到了第二年的 5 月 25 日和 31 日，曾和余秋雨打过名誉侵权官司的《北京文学》杂志编辑萧夏林发表博文，质疑余秋雨宣称一次捐款高达 20 万元并没兑现。对此，余秋雨并未做正面回应，只是在博客撰文称，有四个"咬余专业户"一向浪费精力对其进行造谣。6 月 8 日，余秋雨委托其所任职的上海九久读书人文化实业有限公司在博客上正式发表声明，声明称所捐 20 万元用于建都江堰市三所中小学图书馆。但是，网友质疑的捐款 20 万元的收据、捐建图书馆名字、地址等信息，却一直得不到正面解释。于是，网友得出结论：没有捐款证据，余秋雨就是假捐。最后，如你所知，在三个月后的新学期，余秋雨捐了据说是"价值30万"的图书给三所学校（事到如今，这"价值30万"的图书只能视为后来的"补捐"，是被迫捐款），那三所学校的图书馆还因此被命名为"秋雨图书馆"。

搞清了这些来龙去脉，我们或许就知道为什么金庸和余秋雨会"被死亡"了。他们名气很大，钱很多，但是，他们却都不太愿意将这些取之于民的钱的一部分用之于民，回赠社会。平民百姓气愤之余，也就只好以他们"被死亡"的形式来出气了。

鲁迅"被死亡"是因为他的正直敢言不为执政者和执政者的帮闲文人所容，钱锺书、冰心的"被死亡"则是因为他们所处的政治环境过于严酷，这些都可以说是"政治原因"；而余秋雨和金庸的"被死亡"，则主要是因为他们有名气有钱，而不太愿意将这钱回馈社会，可以说是经济原因。从他们的不同中，我们能看出什么来呢？

2010/7/6

如何造名

在这个市场经济年代,名气真是一个好东西——有点像张天翼童话中的那宝葫芦,有了它你可就什么都有了。演员有了名气可以去做歌星,可以去经商,可以"从电影明星到亿万富姐儿",还可以免试到中国最好的大学去做研究生;搞体育的有了名气,也可以去做电影明星、去经商、去做什么形象大使,当然你要附庸风雅去读你搞体育前怎么也考不上的大学,那也容易至极,许多大学——尤其是名牌大学的门都向你痛快地开着,不怕你来,就怕你不来:因为大学也想名气,大名人到他们那儿读书了,自然他们那儿也就有名气啦,焉有不欢迎之理?不单人是这样,东西也是这样——什么"红塔山"、"茅台"……这些东西的名气就值几百个亿!名气既然这么重要,大家当然就对它趋之若鹜了,于是秦失鹿,天下共逐之。逐之之道,或许有下面几种。

一是自吹自擂法。此法简单易行——包括街头卖瓜的王婆,她都会"王婆卖瓜,自卖自夸",其他知识分子干起这事来当然就更得心应手翻云覆雨了。《围城》中,那个"哲学家"褚慎明总爱吹英国大哲学家罗素"承他看得起，请我帮他解决了几个问题"，听得别人肃然起敬，以为这小子的哲学真是高明到了连世界著名哲学家都要求他帮忙的地步。可实际上罗素要他"解决"的不过是"先生几时到的英国？""先生喝茶放不放咖啡？"这类非他本人无法"解决"的"问题"——可是，又有谁搞得清楚罗素要他"帮忙解决"的究竟是什么"问题"呢？所以，大家只好佩服了事，而他的名气也因此大涨，成了"哲学家的哲学家（仿照'教授的教授'造出的名词）"。那个到"三闾大学"推广"新生活运动"的督学也擅长这一手，所以他到了那儿坐在讲台上讲话，总是三句一个"兄弟在英国"如何如何，于是，别人便以为他几乎就是英国皇族甚至国王一般的"名人"了！我有个熟人——也可以算是个名人，因为他功夫了得。据他自己讲，则他可以背着 150 斤的重物上 70 度的坡，而且如履平地，来去自如！如果真是这样，那他倒也真算得上技巧超人的"名人"了。可据我所知，这小子此生背过 150 斤的东西不假——他来自农村，当然做过苦力；他这辈子也上过许多 70 度甚至以上的坡——农村里什么样坡没有呀？可这两件事混在一块儿的壮举，他却从来没有过！当然，这些都还是口头上的自吹自擂，影响有限，要想真的出名就得借助其他传媒，比如李洪岩先生就曾在他所著的《钱锺书与近代文人》的后记中这么写道："海内外'钱学'的出版物，我无疑是非常熟悉的。如果读者要我推荐一二，我愿意提出下列四种：《记钱锺书先生》，牟晓朋、范旭仑编，大连出版社，1995 年；《钱锺书评论》（卷一），范旭仑、李洪岩编，社会科学文献出版社，1996 年；《智者的心路历程：钱锺书生平与学术》，李洪岩著，河北教育出版社，1995 年；再有，就是这本书了。"看看，推荐了四种书，其中三种就是自己的大作，真是"钱学滔滔，舍我其谁"！更妙的是，李君还接着这么讲："这样介绍绝非无耻。我们要做诚实君子，还不至于缺少自知之明，忘乎所以地推销自己，或者虚伪地制造偶像。"自吹自擂完了，还谦虚谨慎一番，可谓东食西宿鱼熊两兼，"诚实"得近乎"无耻"！让人看了真不知该哭还是该笑。然而，简单易行与直截了当既是自吹自擂的优点，也正是其缺点——因为它直接而显得赤裸裸，容易引起人的反感，也让人容易提高警惕严防上当——不是有俗话讲"半罐水响叮当"么？所以除了那些胆大妄为者外，一般人都不采取这种大吹法螺法。

二是彼此吹捧法。因为自吹自擂容易引人反感，而名气又是大家都需要的，于是豪杰们就发明了互相吹捧法，20世纪30年代，"现代评论派"的两员大将就曾操练过此法。当时，先由徐志摩在《晨报副刊》撰文曰："我很少夸奖人的。但西滢就他学法郎士的文章说，我敢说，已经当得起一句天津话：'有根'了。"而且"像西滢这样，在我看来，才当得起'学者'的名词"。而西滢教授则在《现代评论》上回敬："尤其是志摩他非但在思想方面，就是在体制方面，他的诗及散文，都已经有一种中国文学里从来不曾有过的风格。"投桃报李，皆大欢喜——而且不会彼此脸红，又不至于惹人反感。当然这种妙法碰到鲁迅那样的讨厌鬼也难免失效，鲁迅当年就在引了这段文字后尖锐地指出："虽然抄得麻烦，但中国现今'有根'的'学者'和'尤其'的思想家及文人，总算已经互相选举出来了。"不过，这世上像鲁迅这样目光如炬而又气势若虹的人毕竟不多，所以，这"互相吹捧"法流传至今。手头有一本摩罗的《耻辱者手记》。书前有余杰一序，序中有云："我认为摩罗文章是二十世纪末中国最惊心动魄的文字之一"、"在当代文学批评界是独一无二的"，而书中有摩罗《林贤治谢泳余杰：思想随笔新三家》一文，文中称余杰"他的文字正像他年纪所应有的那样，有过人的明敏和纤细，有着刚刚睁眼打量世界的惊讶震撼、徘徊与伤感，当然更有不屈不挠的内在朝气和热情"、"一个大学生能有四本文集给自己作毕业献礼，这一定只有极少数优秀人物才可以做到"。一本书像一个投票箱，二人互相投票就把"当代文学批评界独一无二"的好汉与"极少数优秀人物"给互相选举出来了。

三是打倒名人法。要迅速出名,除了自吹自擂和与哥们互相吹捧有名同享外,最有效的方法就是"打倒名人"了:杜甫诗云"会当凌绝顶,一览众山小",名人正是这样仰之弥高钻之愈深的"绝顶",现在,我们只要把他们"打翻在地,再踏上一只脚",那我们还不"一览众山小"地自己也成为名人?也是 20 世纪 30 年代,许多文坛上无名之辈,为了迅速出名,便将靶子不约而同地瞄准了当时的文坛泰斗鲁迅,纠缠不休攻击不已,一心一意做着"一览众山小"的美梦,鲁迅为应付这些文坛痞子的纠缠付出了大量精力。当时,郁达夫就曾劝他:对这些欲借攻击名人出面的痞子最好不要理他——你一理他倒正中了他的计。新月派大将叶公超在鲁迅逝世后写的《关于非战士的鲁迅》一文中也曾指出:"我有时读他的杂感文字,一方面感到他的文字好,同时又感到他所'瞄准'(鲁迅最爱用各种军事名词的)的对象实在不值得一粒子弹。骂他的人和他骂的人实在没有一个在任何方面是与他对等的。"从鲁迅一方看,回骂这些家伙也许真的是浪费"子弹",可从被骂者一方来看,却好处多多名气大大:当年文坛上的无名小卒张春桥就是因为曾被鲁迅骂过,而在鲁迅死后成为替鲁迅抬棺的"青年作家"之一!而那个骂鲁迅杂文是"作家毁掉自己以投机取巧的手腕来代替一个文艺工作者的严肃工作"的林希隽也因此在文学史上留下了自己的大名。不然,谁知道 20 世纪 30 年代有这样一个家伙呀。有个笑话,讲一个乞丐一天很高兴地告诉同伴:某某名人今天和自己讲话了,同伴听了,当然艳羡不已,忙问他名人都与他讲了什么?乞丐道:"我赖在他家门口不走,他便出来对我讲:'你滚远些吧。'"不用说,这种靠骂名人出名的豪杰在今天市场经济时代更是层出不穷——其中佼佼者当首推新时期"痞子作家"王朔。照说王朔靠写他的痞子小说与大众电视剧挣够了名气,可他为了"会当凌绝顶",过过"一览众山小"的瘾,便把打击目标瞄向老舍与鲁迅，其结果虽然不过是"蚍蜉撼大树，可笑不自量"，不过他那本已烟消云散的名气却因此骤然高涨，俨然又成了世纪初的文化名人！其他像什么"北大怪才"余杰骂季羡林、骂杨绛、骂钱锺书，也可归于此类。效果当然也是明显的：无论王朔还是余杰，现在不都是文化界"名人"了么？我们一翻开报刊，这些连"一知半解程度都不够"的豪杰们的专栏到处都是——他们的"一骂成名"简直可以与影视界那些"一脱成名"的明星相媲美！在这个意义上，他们对清人"红粉零落我思卿，青衫憔悴卿怜我"的诗句当别有会心矣！

名气是好东西——如果这名气真是实力的反映的话。可如果因为名气好，就不管自己是否有那实力而不择手段地去造名炒名的话，那这样搞出来的名气即便再大，过不了多久也会烟消云散而徒留笑柄。白居易诗云："草萤有耀终非火，荷露虽团岂是珠？不取燔柴兼照乘，可怜光彩亦何殊！"

2001/2/28

雅量难得

　　何谓"雅量"？《现代汉语词典》的解释是"宽宏的气度"——换言之，就是容人之量，尤其是在别人挑战了自己学问冒犯了自己尊严时，还能海量汪涵。这当然很难：人嘛，又不是垃圾桶，怎么可能容忍别人把比垃圾还难闻的话往自己头上扔呢？不是有这么一个故事么：狄仁杰是唐朝名相，他心胸豁达，方正廉明，被武则天看中，提拔任宰相。初任这一职务，也碰到过有人向他告密的事。那天，群臣退朝，武则天独将狄仁杰留下，先是拉了一会家常，提及狄仁杰在汝南政绩，连连夸奖，"卿在汝南，甚有善政"，然后附耳过来：你知道你在汝南，谁经常打你的小报告吗？你想知道吗？我告诉你吧。狄仁杰听了这话，赶紧说：陛下，请您别告诉我。武则天有点讶异：你不相信我？狄仁杰说：不是。不是我不相信您，而是我不相信我自己的雅量。看到没有，就连狄仁杰这样"宰相肚里能撑船"的一代名相都对自己雅量没有信心，更何况一般人？

　　不妨看看近事。物理学家束星北的学生于良曾回忆过这么一件事：

说是1952年下半年束星北来到山东大学时，正好遇上中国最著名的热力学家王竹溪先生来校做学术报告。当时，教育部要求南北重点大学相互交流学习，王竹溪作为北方的代表专程去了上海、南京等地的大学讲学和交流，返程途中，被山东大学校长华岗专门请了来。山大很看重此事，讲座那天，大众礼堂座无虚席。物理系、数学系的教师、教授们大都到场了，华岗校长和一些校领导也来了。演讲开始，王先生便讲开国内外热力学的学术状况，当然更多的是谈自己的认识和成果，一边讲还一边随手在黑板上写出一些公式和重要概念。下面的人都是洗耳恭听，不断奋笔疾书。大概讲到将近50分钟时，身穿蓝色长袍、高大魁梧的束星北走上讲台，也不客套，直截了当——"我有必要打断一下，因为我认为王先生的报告错误百出，他没有搞懂热力学的本质。"说着，他捏起粉笔，一边在王先生几乎写满黑板的公式和概念上打着叉，一边解释错在那里。王竹溪一下愣了，上也不是，下也不是，会场主持人也不知如何是好，只能拿眼使劲地瞅华岗和其他领导。会场发出了一阵骚动。束先生好像根本就没有看到别人的情绪和反应，也不在乎别人是什么样的感觉，一味在那里"正本清源"。就这样他一口气讲了大约有40分钟，也可以说，是对王竹溪"清算"了近40分钟。这期间，王竹溪一直尴尬地站在一边，主持人几次让他坐下来，他都未从。雅量难得嘛，王先生回到北京后，就到恩师周培源先生面前哭诉，于是有关领导出面找束星北谈话，当然是要他赔礼道歉，可束星北却说："他有些东西没从根本上讲通，我自然看不下去，过去大学都是这么做的。"堵得领导无话可说。

不过，过去大学还真是这么做的。比如20世纪30年代，钱锺书上清华大学时就有过这么一桩逸事。当时清华大学年轻气盛、仅有25岁的青年教师赵万里为钱锺书等人讲版本目录学，讲到某本书，自负地说："不是吹牛，这书的版本只有我见过。"结果这话引起了钱锺书和吴晗的不满，他们先是在下面议论："这个版本我也见过，同他讲的就不一样。"钱锺书还特别强调："这个版本我见过好多次呢！"而吴组缃在旁边听了，便怂恿他们："那你们上去讲呀！他那么狂，难道清华无人了？"结果他们就像束星北打断王竹溪一样打断了赵万里，而赵听了他们类似"有些东西没从根本上讲通"的发言后，没有生气不说，还将原计划讲十个专题的七八个专题让这两个学生去讲。再比如，20世纪40年代西南联大时期，有一次，逻辑学家金岳霖教授主持的一次逻辑讨论会上，有人提到了当时享有盛名的一本哥德尔的著作，金岳霖立即发生兴趣，说要买来看看。金岳霖的大弟子沈有鼎马上站起来说："老实说，这本书你看不懂的。"金岳霖闻言，并不以为忤，只哦哦两声，说："那就算了。"

1958年，在祖国宝岛台湾又发生了这么一件事：当时，胡适当选"中研院"院长之职。在就职典礼上，蒋介石跑来助兴，在致辞中，蒋恭维胡适因为崇高道德以致在大陆上受到批判。孰料胡适并不吃他这通吹拍，反而在答词开头便说蒋介石错了，说自己在大陆受批判并不是因为什么崇高道德云云。这等于当面打了蒋一个耳光，使蒋下不了台。蒋虽极怒，却不便当众发作。但从此以后蒋再也没有进过"中研院"的大门。

雅量难得，故难能可贵。我们都希望多看到大人物有雅量的趣事，不仅多添几条轻松谈资，也让社会更有活力。

2012/3/27

一代不如一代

　　这是鲁迅小说《风波》中九斤老太的口头禅，她这么说的依据主要是她家的孩子出生时的重量一代比一代轻——就此而论，她这么讲也算是实事求是了。

　　可，我这儿不想说小孩生下来时的重量——要说这，那我们准是一代胜过一代——而是说：就读书及对书的敬仰和对书的掌握，那的确是一代不如一代。要说例子，那可就太多了。比如吴小如先生就曾回忆，20世纪40年代，他在清华师从陈寅恪先生，经常带一堆自己在读书中碰到而无从解答的问题。而那时陈先生已是双目失明，所以总是由他先把这些问题给陈先生念一遍。陈先生听后总是从容不迫地对他讲：这个人似乎见于《新唐书·宰相世系表》，那个人的材料可能出于某人文集中的某篇文章。而吴先生回去一查，则十之八九能找到答案——这样博闻强记的学者，我们现在还能碰得上么？又比如俞平伯先生，只要你提问题，则无论是四书五经，还是唐诗宋词，他十有八九都会背诵如流，给你一个满意的答案。再比如钱锺书，当年一个大学生写毕业论文时东拼西凑生吞活剥，也弄出一锅大杂烩端到了指导教师钱锺书面前，钱先生兴致好：将文中每个观点材料的出处一一注出，失主个个登台，搞得那"眷文公"无地自容！吴先生也回忆，20世纪60年代初，他曾为了一个洋典故去请教钱先生，钱先生把一本厚厚的外文书当场一翻，要找的内容就如探囊取物，手到擒来，其速度与精确度真令人目瞪口呆！钱先生不仅读书精，而且读书博，这一点已是海内外学人的共识。台湾地区那个傲慢得向天宣誓"五百年来，白话文写得最好读书最多的是李敖李敖李敖"的李敖，在提到钱锺书时，也不得不承认"钱锺书读书一流"（虽然，他又无不冒酸地说什么'但他的学问却做得很糊涂'）！李慎之先生在《千秋万岁名　寂寞身后事》一文中也回忆道："钱先生有一次曾对我说：'西方的大经大典，我算是都读过了'。环顾域中，今日还有谁能作此言，敢作此言？"宜乎吴先生感慨："老一辈的专家才是真正读书，我们这一代软弱充其量不过是翻书、查书而已。"

这样的感慨当然不仅吴先生有，上一代学人，比如鲁迅、胡适、陈寅恪、钱锺书，他们不仅学通中外，兼长文史，而且一个个写出的字都像模像样，哪像今天中文系的所谓"高才生"？我念大学时，同学中不要说学通中外兼长文史，便是我们中文系学生该念的《诗经》、《楚辞》、《文心雕龙》，恐怕都没人通篇读完过！至于写字得乱七八糟，那可就更不在话下了——我们能把中文写得像日文甚至英文！毕业后我也见识过许多所谓名牌大学的中文系学生甚至研究生或博士，他们的情况也差不多。记得北大教授林庚先生曾说过这么一句话："如果说上一代人是读书的一代的话，到了我们这一代就是摸书的一代了。"这话很沉痛——可却没完，我们可以这么接着说："如果林先生他们那一代是摸书的一代的话，那我们这一代就是'看书'——'看'书的'书'名的一代：很多书我们都只知道它们的名字，至于内容，那可就于我如浮云啦。"在上面提到的那篇李慎之先生的文章中他还说到过这么一件事："费孝通先生跟他（指钱锺书）是同年好友，最近还曾跟我说过他父亲是清朝最末一科秀才，母亲是中国第一个幼稚园的园长，但是自己受的就是新式也就是西式的教育了。上一代人要引用传统古籍，就像打开自来水龙头一样自然流出来。而他这一代，要引一句诗云子曰，就要翻半天书，还找不着。我说你们这一代还有个钱锺书，他说那是特例，不能算我们这代人的代表。"对费先生的说法，我们也似乎还可以再画蛇添足一通：费先生他们要引诗云子曰就要翻半天书还找不着，到了我们这一代，我们根本就不引什么诗云子曰——因为我们根本就不知道诗云什么、子曰了啥，何从引起？我们赤手空拳打天下，爱玩的是空手套白狼的把戏——"无知者无畏"，"我是文盲我怕谁"？！有一位外国记者曾问费孝通先生：你觉得中国再过几时才能再出一个费孝通？他回答50年。对此，著名作家王小波的评价是："这话我真不想相信，但恐怕最终还是不得不信。"

读书少也许不是致命伤，因为书在那里，我们只要肯花功夫去读就成。可现在的问题却似乎是：我们读书少，还引以为荣——这情形有些像钱锺书讽刺的："有学问能教书，不过见得有学问；没有学问而偏能教书，好比无本钱的生意，那就是艺术了。"我们现在多的便是这种艺术家：他们读书不多，却振振有词，说不需要读那么多书——比如有学者就认为"《管锥编》实在没什么，将来电脑发达。资料输进去都可以处理的"，又比如挖苦"钱锺书是一位伟大的注释家，而非原创性的思想家"、"在《管锥编》我们读到了密密麻麻的注释，而钱锺书的面目却模糊不清"，等等。对这些近乎"无知者无畏"的高谈阔论，我们只好效法当年王安石骂他的政敌："尔等发此妄言，正因读书太少！"

2002/5/23

后记：为什么是"文人"？

　　文人大概是最容易成为批评对象的阶层，为什么芸芸众生五行八作中，文人成为千夫所指百口莫辩的箭垛？

　　有一种世俗的解答是：为什么？不就因为大家都"半夜吃桃子，拣着软的捏"么？文人多愁多病无权无势，批了评了，他还不只有忍气吞声？20世纪30年代，那个曾经写过"国事家事管它娘"的"解放词"的诗人曾今可，因为细行不修，给文坛一通猛批，于是在1933年7月9日的《时事新报》登了这样一个封笔启事："鄙人不日离沪旅行，且将脱离文字生活。以后对于别人对我造谣诬蔑，一概置之不理。这年头，只许强者打，不许弱者叫，我自然没有什么话可说。我承认我是一个弱者，我无力反抗，我将在英雄们胜利的笑声中悄悄地离开这文坛。如果有人笑我是'懦夫'，我只当他是尊我为'英雄'。此启。"今天的余秋雨，也曾在其《中华文化四十七堂课：从北大到台大》中借学生问表示："台湾，政治争拗再激烈，族群分裂再严重，也没有谁会到公共媒体上伤害一个文化创造者。这种心照不宣的共同禁忌，体现了一种集体文化素养，让人钦佩。我在大陆的一些大学演讲时,一再介绍台湾的这条文化底线。因为在大陆,历来被攻击最严重的总是无权无势的文化人、艺术家。这种现象,被老百姓称之为'柿子专拣软的捏'。连那些自称为'社会良心'的著名传媒,也总是在慷慨激昂地欺软怕硬。"(转引自 2011 年 8 月 19 日《文汇读书周报》《余秋雨在台大的闪问闪答》一文)当年,有人嘲笑鲁迅,也曾这样设问:为什么你(鲁迅)只骂文人,而不去骂"武人"——比如当时的军阀?因为当年提这问题的人别有用心,所以鲁迅的回答也针锋相对:我之所以不骂"武人",是因为我不想让你们在我身上实现你们借刀杀人之计。

这种批评文人是因为自己欺软怕硬的说法,显然是文人的撒娇与自怜——文人再无权无势,也比根本就无"文"的工农大众强势吧?福柯说过,话语即权力。鲁迅当年面对各种攻击也曾深有感慨道:幸好我还有一支笔,还能讲话,不然真给他们骂死了。可见有笔而能写文章的文人并非那么弱势,也不是什么软柿子。

事实上,文人之所以容易成为批评对象,原因有二。首先是因为批评文人容易有的放矢。就中国而言,官员做官若贪赃枉法,有基本上雁过无痕的暗箱操作,老百姓难明究竟;商人经商,也密室策划,天机不可泄漏,人们自然一头雾水。只有文人,白纸黑字,批评起来起来铁证如山,无可逃避——所谓"一字入公门,九牛拖不出"是也。1930 年,陈寅恪写下了《阅报戏作二绝》,其一曰:"弦箭文章苦未休,极门奔走喘吴牛。自由共道文人笔,最是文人不自由。"看似笔走龙蛇天马行空的文人,其实是给自己的文字锁死了。当然,你也可以在你的文章中讲瞎话讲大话,就是不讲真话,如此这般,不就金蝉脱壳?然而,这些白纸黑字的文章不正就是你作伪作假欺骗人的铁证么?

其次,也是更重要的原因,还在于之所以批评文人,是因为文人"可与言"。"武人"何足论?所谓"秀才遇到兵,有理说不清"。当年鲁迅之所以不"骂"军阀而"骂"文人，就是因为军阀不值一"骂"，骂他们是对牛弹琴。而之所以"骂"文人，则是因为他们是"智识阶级"讲道理，有理性，是中国较有希望的一个阶层——所以才对他们大"骂"特"骂"。孔子说过："可以言而不与之言，失人；不可言而与之言，失言。"很显然，在真正的批评家那里，政治家或军阀者流都是以"骂"的方式"与之言"。这原由，也正是费希特在《论学者使命》一文中所言："基督教创始人对他门徒的嘱咐实际上也完全适用于学者：你们都是最优秀的分子；如果最优秀的人都丧失了自己的力量，那又用什么去感召呢？如果出类拔萃的人都腐化了，那还从哪里去寻找道德善良呢？"

还是以鲁迅为例，正因为鲁迅"骂"文人都是因为希望他们真正成为有守有为的知识分子，是以人为善，所以许多被鲁迅"骂"过的人，后来都成了有成就有贡献的人才，比如李四光、朱光潜、沈从文、成仿吾、徐懋庸以及胡适、林语堂、梁实秋、施成蛰、顾颉刚，等等。这应该也是鲁迅当年"骂"他们的希望——希望他们进步上进，成为真正有益于中国人民的"智识阶级"。有意思的是，现在有人因为鲁迅当年骂的这些人后来大都有了进步，取得了很大的成就，就认为鲁迅"骂"他们骂错了——照这些人的逻辑，经鲁迅骂过的人就该永远坏下去才无损鲁迅形象！这显然搞拧了鲁迅"骂"人的动机：他所以大"骂"特"骂"一些知识分子，其目的不是为了为渊驱鱼，把知识分子都赶到坏人那边去，而是为了让他们改掉臭毛病，成为真正的"社会良知"。如果此人后来真的变好了，成了于人民大众有用之才，那正好实现了鲁迅当初"骂"他的目的，也正证明了鲁迅的伟大，怎么能把这作为鲁迅骂错了的证据呢？这岂不是吃药治好了病，马上回过头来说这药吃错了么？

当然，读者诸君如果细读我这部集子的话，便不难发现其中的文章也不都是对文人的"骂"，也还有"颂"——或者说有弹有赞。这两者应该是统一的：所以对一些文人有"赞"，乃是因为有大量值得"弹"

的文人存在；而这些文人所以被"弹"，也是因为那些被"赞"文人的对照。当然，我既然写了这些"文"，也就难逃"文人"之列，读者自然也就可以对我有弹有赞——我尤其欢迎"入木三分骂亦精"的弹。

末了，拉来龚自珍《己亥杂诗》之六二为结："古人制字鬼夜泣，后人识字百忧集。我不畏鬼复不忧，灵文夜补秋灯碧。"

是为后记。

2014 年 11 月 11 日于广州西郊

图书在版编目（CIP）数据

纸上欲望：千年大变局下的文人 / 孙玉祥著. 一
杭州：浙江大学出版社，2015.1
ISBN 978-7-308-13356-2

Ⅰ.①纸… Ⅱ.①孙… Ⅲ.①文人-人物研究-中国
-现代 Ⅳ.①K825.4

中国版本图书馆 CIP 数据核字（2014）第 121910 号

纸上欲望：千年大变局下的文人

孙玉祥 著

责任编辑	杨利军	
文字编辑	卢　川	
封面设计	熊猫布克	
出版发行	浙江大学出版社	
	（杭州市天目山路 148 号　邮政编码 310007）	
	（网址：http://www.zjupress.com）	
排　版	浙江时代出版服务有限公司	
印　刷	杭州丰源印刷有限公司	
开　本	710mm×1000mm　1/16	
印　张	15.75	
字　数	203 千	
版 印 次	2015 年 1 月第 1 版　2015 年 1 月第 1 次印刷	
书　号	ISBN 978-7-308-13356-2	
定　价	35.00 元	

阅 在人文，悦 在江湖。

和阅读

数字阅读，尽在人文江湖！

加入 人文江湖，畅读 人文精选 图书，更有专属权益等着你！

【帮你选书】每月50册重磅好书免费畅读
【为你读书】专业团队精品书摘及彩信杂志《读周刊》免费赠阅
【给你送书】每月纸书免费赠送，会员独享好机会
【独家优惠】会员购书，全站8折优惠
【读书沙龙】尊享签售、名人面对面等会员沙龙活动
【拉帮结派】推荐好友入会，获赠书券及话费奖励
【免单旅行】年度幸运会员，免单旅行说走就走
【客座嘉宾】做客工作室，了解关于出版的那些事儿

移动用户编辑短信KTRWJXB 到10086或10658080，
订购"人文精选包"，即为"人文江湖"尊贵会员！

【人文江湖专区】

本期推荐 >>>>>>>>>>>>>>>>>>>>>

《历史岂有底稿》
侯兴国 著

《不为繁华易素心》
游宇明 著

《历史老师没教过的历史2》
忆江南 著

《非常中国绘画史》
吴益文 著

更多精彩好书，尽在 人文江湖 ！

扫描左侧二维码了解更多内容~